U0732875

企业伦理气氛形成机制及其与道德行为关系研究

范丽群 著

世界图书出版公司
广州·上海·西安·北京

图书在版编目(CIP)数据

企业伦理气氛形成机制及其与道德行为关系研究 / 范丽群著. -- 广州：广东世界图书出版公司，2011.5
ISBN 978-7-5100-3469-5

Ⅰ.①企… Ⅱ.①范… Ⅲ.①企业伦理-研究 Ⅳ.①F270-05

中国版本图书馆 CIP 数据核字(2011)第 071192 号

书　　名	**企业伦理气氛形成机制及其与道德行为关系研究**
著作责任者	范丽群
策划编辑	周志平
责任编辑	孔令钢　程利华
出版发行	世界图书出版广东有限公司
地　　址	广州市新港西路大江冲 25 号
邮　　箱	sjxscb@163.com
印　　刷	东莞虎彩印刷有限公司
规　　格	710 毫米×1000 毫米　1/16
印　　张	11
字　　数	165 千字
版　　次	2013 年 5 月第 2 版　2013 年 9 月第 3 次印刷
书　　号	ISBN 978-7-5100-3469-5
定　　价	40.00 元

目　录

中文摘要

社会，包括消费者、政府和经营管理者对企业伦理的重视开始于20世纪的美国。对企业伦理问题之所以日益重视，正如大多数学者业已指出的，主要是因为企业经营中日益泛滥的种种丑行以及由此带来的种种恶果。企业的不道德行为不仅严重损害企业形象，削弱企业的社会地位、危害企业的生存和发展，而且也阻碍市场经济体制的健康运行，破坏社会经济秩序，降低整个社会的道德水平；而追求高层次道德水平的企业不仅可以塑造组织形象，并且能够提高组织绩效，甚至会获得组织的核心竞争力。

企业道德来源于企业的社会责任，西方企业的社会责任运动已经从20世纪90年代中期开始影响进入欧美公司供应链的中国企业。2000年以后，几乎所有的欧美企业都对其全球供应商和承包商实施社会责任评估与审核，只有通过审核与评估才能建立合作伙伴关系。我国的入世和经济的国际化进程，要求我国企业对企业道德必须给予足够的重视，因为世界经济的一体化必然要求企业按照国际规范进行经营，而很多国际规范实质上就是一种经营伦理准则。例如SA8000社会责任标准正成为新的贸易壁垒，我国许多企业正因为不符合国际SA8000标准而痛失大量的出口订单。

基于此种研究背景，本文对企业道德的重要组成部分——企业伦理气氛进行了系统而深入的研究。在借鉴前人研究成果的基础上，本文共进行了四项主要研究内容：研究一对企业伦理气氛的维度进行理论分析和实证验证；研究二考察影响企业伦理气氛形成的各主要因素及其对企业伦理气氛的作用强度；研究三探讨企业伦理气氛与不道德行为的关系；研究四对比我国企业在伦理气氛状况和不道德行为方面的差异情况。本文的章节安排及相关内容如下。

第一章是绪论，概括性地对问题的提出、研究意义和研究思路进行说明。

第二章分别对组织气氛、企业伦理气氛相关理论及其与不道德行为的关系、企业伦理气氛和不道德行为的影响因素、企业伦理审计等几个方面的研究进行文献回顾，并对国内外现有研究现状，包括取得的成果以及值得关注的问题进行评价。在此基础上，对本文中的几个关键术语进行界定。

第三章对企业伦理气氛的维度进行定性的理论分析。主要是根据目的论和义务论的伦理判断理论，分别依据利己主义标准、遵循法律制度标准、遵循道德规范标准，从理论上构建企业伦理气氛的三个维度：利己主义的企业伦理气氛、遵循法律制度的企业伦理气氛和遵循道德规范的企业伦理气氛。并根据劳伦斯·科尔伯格(Lawrence Kohlberg)的个人道德发展阶段理论得出企业伦理气氛不同维度的道德层次关系。

第四章和第五章主要是对本文的实证研究总体设计和研究方法做出说明，并进行研究模型的构建和假设陈述。

第六章是企业伦理气氛形成机制的实证研究。数据分析结果如下。

(1)对各影响因素与企业伦理气氛的关系进行相关分析得出：领导、伦理守则、奖惩制度、伦理培训、伦理机构和伦理决策等影响因素与企业伦理气氛具有显著的相关性。其中，各影响因素与利己主义的伦理气氛呈负相关关系、与遵循法律制度的企业伦理气氛和遵循道德规范的企业伦理气氛呈正相关关系。

(2)对各影响因素与企业伦理气氛的关系进行多元回归分析得出：各影响因素与企业伦理气氛的三个维度均具有回归关系。其中，各影响因素对利己主义伦理气氛的形成产生负影响，对遵循法律制度伦理气氛和遵循道德规范伦理气氛的形成产生正影响。其中利己主义伦理气氛的各影响因素作用由强到弱依次为：领导、伦理守则、奖惩制度、伦理决策、伦理机构和伦理培训；各影响因素对遵循法律制度伦理气氛的作用强度由强到弱依次为：伦理守则、伦理决策、伦理机构、领导、奖惩制度和伦理培训；各因素对遵循道德规范伦理气氛的影响由强到弱依次为：领导、伦理守则、伦理培训、奖惩制度、伦理决策和伦理机构。

第七章是企业伦理气氛与不道德行为关系的实证研究。数据分析结果如下。

(1)对企业伦理气氛与不道德行为的关系进行相关分析得出结论：利己主义的企业伦理气氛与不道德行为呈正相关关系；遵循法律制度的企业伦理气氛和遵循道德规范的伦理气氛与不道德行为呈负相关关系。

(2)对企业伦理气氛与不道德行为的关系进行多元回归分析得出结论：利己主义的企业伦理气氛与不道德行为存在回归关系，即企业越以利己主义伦理气氛为主导，就越容易出现不道德行为；遵循法律制度的企业伦理气氛与不道德行为存在回归关系，即企业越以遵循法律制度气氛为主导，就越不容易产生不道德行为；遵循道德规范的企业伦理气氛与不道德行为存在回归关系，即企业越以遵循道德规范气氛为主导，就越不容易产生不道德行为。而且遵循法律制度的企业伦理气氛对不道德行为的影响比遵循道德规范的企业伦理气氛对不道德行为的影响要强，即以遵循法律制度伦理气氛为主导的企业比以遵循道德规范伦理气氛为主导的企业发生不道德行为的概率要小。

(3)对企业伦理气氛与不道德行为的关系进行结构方程分析，进一步验证得出：利己主义的企业伦理气氛与不道德行为呈正相关关系，即利己主义的企业伦理气氛越强，则不道德行为发生的次数越多；遵循法律制度的企业伦理气氛和遵循道德规范的企业伦理气氛与不道德行为呈负相关关系，即这两种伦理气氛越强，则不道德行为发生的次数就越少。

第八章是对我国企业伦理气氛状况及不道德行为差异的实证研究。数据分析结果如下。

(1)不同发展阶段的企业在遵循道德规范的伦理气氛和遵循法律制度的伦理气氛方面存在着显著差异。在遵循道德规范的伦理气氛方面，处于发展期的企业最具有遵循道德规范的伦理气氛，而处于衰退期的企业最不具有遵循道德规范的伦理气氛；在遵循法律制度的伦理气氛方面，企业从初创期、发展期到成熟期越来越具有遵循法律制度的伦理气氛，而企业到衰退期，遵循法律制度的伦理气氛就减少了，即成熟期的企业最具有遵循法律制度的伦理气氛，衰退期的企业最不具有遵循法律制度的伦理气氛。

(2)处于行业不同地位的企业在遵循法律制度的伦理气氛和不道德行为方面存在着显著差异。在遵循法律制度的企业伦理气氛方面，从处于行业追随地位的企业、处于行业中游地位的企业到处于行业领先地位的企业越来越具有遵循法律制度的伦理气氛，即处于行业追随地位的企业最不具有遵循法律制度的伦理气氛，而处于行业领先地位的企业最具有遵循法律制度的伦理气氛；在不道德行为方面，不道德行为从处于行业追随地位的企业、处于行业中游地位的企业到处于行业领先地位的企业越来越少发生，即处于行业追随地位的企业最容易发生不道德行为，而处于行业领先地位的企业发生不道德行为的概率最小。

(3)上市企业和非上市企业在遵循道德规范的伦理气氛、遵循法律制度的伦理气氛和不道德行为三个方面的差异是显著的。上市企业比非上市企业更具有遵循道德规范的伦理气氛和遵循法律制度的伦理气氛，从而更少地发生不道德行为。

(4)不同规模的企业在不道德行为方面的差异是显著的。在所有规模的企业中，200－500 人的企业发生不道德行为的次数为最多。

(5)处于不同行业的企业在伦理气氛状况和不道德行为方面并没有显

著差异，即行业的不同对企业伦理气氛状况并没有显著影响。

(6)所有制结构不同的企业在遵循法律制度伦理气氛和利己主义伦理气氛两个方面的差异是显著的。在遵循法律制度的企业伦理气氛方面，外资企业最具有遵循法律制度的伦理气氛，民营企业最不具有遵循法律制度的伦理气氛；在利己主义伦理气氛方面，国有企业最不具有利己主义的伦理气氛，而民营企业最具有利己主义的伦理气氛。

第九章是对本研究进行总结，从研究的主要结论、研究的理论和实践贡献、研究的局限性以及进一步研究的意义等几个方面进行论述。

在本文的主要工作中，所体现出的创新之处如下。

第一，对企业伦理气氛的维度进行了理论构建和实证验证，得出企业伦理气氛的三个维度：利己主义的企业伦理气氛、遵循法律制度的企业伦理气氛和遵循道德规范的企业伦理气氛；并且在道德层次关系上，这三个维度呈现依次递进的关系。

第二，通过对企业伦理气氛形成机制的实证研究，得出在我国文化背景下，领导、伦理守则、奖惩制度、伦理培训、伦理机构和伦理决策等影响因素和企业伦理气氛具有显著的相关性。其中，各影响因素与利己主义的企业伦理气氛呈负相关关系，与遵循法律制度的企业伦理气氛和遵循道德规范的企业伦理气氛呈正相关关系。

第三，通过对企业伦理气氛与不道德行为关系的实证研究，得出利己主义的企业伦理气氛与不道德行为呈正相关关系；遵循法律制度的企业伦理气氛和遵循道德规范的企业伦理气氛与不道德行为呈负相关关系。

第四，通过对我国企业伦理气氛状况及不道德行为差异的实证研究，得出不同发展阶段的企业在遵循道德规范的伦理气氛和遵循法律制度的伦理气氛方面存在着显著差异；处于行业不同地位的企业在遵循法律制度伦理气氛和不道德行为方面存在着显著差异；上市企业和非上市企业在遵循道德规范的伦理气氛、遵循法律制度的伦理气氛和不道德行为三个方面的差异是显著的；不同规模的企业在不道德行为方面的差异是显著的；处于不同行业的企业在伦理气氛和不道德行为方面并没有显著影响；所有制结构不同的企业在遵循法律制度的伦理气氛和利己主义的伦理气氛两个方面的差异是显著的。

关键词：伦理气氛　不道德行为　影响因素　企业伦理　道德建设

ABSTRACT

It is in America in the early 20th century that Consumers, governments and corporate managers began to focus on corporate ethics. As what many scholars pointed out, the reason for corporations to emphasize corporate ethics is mainly that there appeared too many bad behaviors and bad results in corporate managements, which not only seriously harmed the corporate images, decreased the corporate social positions and threatened the survival and development of corporations, but also blocked the smooth work of the market economy system, broke social economical rules and lowed down ethical level of the whole society. Actually, those corporations who try to have high-level ethics not only can form their healthy corporate images, but also have high efficiency, and even gain corporate core competence.

Corporate ethics is from the social responsibility of corporations. In the mid of 1990s, the movement in the west, which appealing for corporations' social responsibilities, had influenced Chinese corporations, who were on the supplying chain of European and American corporations. After the year of 2000, almost all European and American corporations made evaluations and examinations on social responsibilities to their suppliers and contractors. Those corporations did not establish their co-operation partnership with those suppliers and contractors until their social responsibilities were evaluated and examined. Nowadays, China has joined WTO and fastens his steps to develop his economy. So it is urgent for our corporations to emphasize corporate ethics, because our corporation should follow the rules of the world economy system, which are also ethical rules of management. For example, many corporations lost a lots business because did not comply with the Social Accountability 8000 that was a new trade obstacle.

Based on such background, this dissertation is to deeply and systematically make a research on corporate ethical climate, a main part of corporate ethics. This dissertation is divided into four parts. They are: a theoretical analysis and empirical research of dimensions of corporate ethical climate, a research of main factors which influenced the forming mechanism of corporate ethical climate, a study of a relation between corporate ethical climate and unethical behavior, and a comparative study of the different situations of corporate ethical climates and unethical behaviors among Chinese corporations.

The following is the arrangement of chapters.

The first chapter is an introduction, which generally demonstrates the problems, resolutions, and researching methods.

The second chapter is to look back what scholar have studied on the organizing climate, the concerned theory of corporate ethical climate, the factors influencing corporate ethical climate and unethical behavior, and ethical auditing, and to evaluate the present research situation, including achievements and concerned problems. Moreover, it is to make definitions on several key words.

The third chapter is to theoretically analyze the dimensions of corporate ethical climate. It mainly uses the teleological ethical judgment theory and deontological ethical judgment theory, to theoretically present three dimensions of corporate ethical climate with the standards of utilitarianism, abiding-ethical-principle and abiding-law. These three dimensions of corporate ethical climate are: utilitarianism corporate ethical climate, abiding-ethical-principle corporate ethical climate, and abiding-law corporate ethical climate. With the Kohlberg's theory of individual moral development stages, this chapter concludes that there are relations among different ethical dimensions of corporate ethical climate.

The fourth and fifth chapters are to demonstrate the general arrangement of empirical research and researching methods, construct the study models and make hypothesis.

The sixth chapter is to make an empirical research on forming mechanism of corporate ethical climate. The following is the data analysis:

First, with the study of the relation between all kinds of influencing factors and corporate ethical climate, it concludes that all influencing factors such as leadership, code of ethics, rewards and sanctions system, ethical training, ethical institution and ethical decision making, have obvious corresponding relation with corporate ethical climate. Among them, all influencing factors have negative relations with utilitarianism climate, and have positive relations with abiding-law climate and abiding-ethical-principle climate.

Second, the regression analysis made on the relation between all influencing factors and corporate ethical climate, concludes that the influencing factors have regression relations with all three dimensions of corporate ethical climate. Among them, all influencing factors have negative influences on the forming of utilitarianism climate, but have positive influences on the forming of the abiding-law climate and forming of the abiding-ethical-principle climate. The factors influencing utilitarianism are listed here from strong to weak. They are leadership, code of ethics, rewards and sanctions system, ethical decision making, ethical institution and ethical training. The factors influencing abiding-law climate are ethical principle, ethical decision making, ethical institutions, leader, rewards and sanctions system and ethical training. The factors influencing abiding-ethical-principle climate are leadership, code of ethics, ethical training, rewards and sanctions system, ethical decision making and ethical institutions.

The seventh chapter is an empirical research on the relation between corporate ethical climate and unethical behavior. The following is the data analysis:

First, after made a correlation analysis of the relation between corporate ethical climate and unethical behavior, it concludes that there is a positive relation between utilitarianism corporate ethical climate and unethical behavior, but a negative relation between abiding-law-principle corporate ethical climate and unethical behavior.

Second, after made a regression analysis of the relation between corporate ethical climate and unethical behavior, it concludes that 1) there is a linear regression relation between utilitarianism corporate climate and unethical behavior, i. e. if utilitarianism corporate climate is the main climate in corporate, then less unethical behavior appears, 2) there is a linear regression relation between abiding-law corporate climate and unethical behavior, i. e. if abiding-law climate is the main climate in corporate, then less unethical behavior appears, 3) there is a linear regression relation between abiding-ethical-principle corporate climate and unethical behavior, i. e. if the abiding-ethical-principle corporate climate is the main climate in corporate, then few unethical behavior appears. Moreover, the influence of abiding-law-principle on unethical behavior is greater than the influence of abiding-ethical-principle. So the rate of unethical behavior in corporate mainly with abiding-law corporate climate is lower than corporate mainly with abiding-ethical-principle corporate climate.

Third, after made a structural equation analysis of the relation between corporate ethical climate and unethical behavior, it verifies: 1) there is a positive relation between utilitarianism corporate climate and unethical behavior, i. e. if there is stronger utilitarianism corporate climate, there are more unethical behaviors, 2) there are negative relations among abiding-law-principle corporate climate, abiding-ethical-principle corporate climate and unethical behavior, i. e. there is stronger abiding-law corporate climate or abiding-ethical-principle corporate climate, there are fewer unethical behaviors.

The eighth chapter is empirical study on the situation of corporate climate and different unethical behaviors in China. The following is a data analysis:

First, there are big differences among the corporations on different developing stages when they follow the abiding-ethical-principle and abiding-law corporate climates. On the following the abiding-ethical-principle corporate climate, the developing corporate has the strongest abiding-ethical-principle climate, but the depressing corporate has the weakest abiding-ethical-principle climate. On the following the abiding-law-principle corporate climate, the corporate at the stages of opening, developing and developed, it has stronger and stronger abiding-law-principle climate, but a corporate in depression decreases its climate of abiding-law-principle climate. So the developed corporate has the strongest abiding-law-principle climate but the depressing corporate has the weakest abiding-law-principle climate.

Second, there are big distinctions among the corporations who have different roles in the same industry when they follow the abiding-law-principle corporate climate and unethical behavior. Usually the abiding-law corporate climate is stronger and stronger from those corporations who follow the other corporations, to those corporations who are in the middle and those corporations who play leading roles in this field. It means to those corporations who follow the other corporations have weakest abiding-law-principle corporate climate, but to those corporations who play leading roles in the field have strongest abiding-law-principle corporate climate. It is the same to the abiding-ethical-principle corporate climate. To those who play leading roles in the field, they have strongest abiding——ethical-principle corporate climate, and to those who follow the other corporations, they have weakest abiding-ethical—principle corporate climate.

Third, there are big differences between public corporation and private corporation on abiding-ethical-principle corporate climate, abiding-law-principle corporate climate and unethical behavior. There are stronger abiding-ethical-principle and abiding-law-principle corporate climate and less unethical behavior in public corporations compared with in private corporations.

Forth, it is obvious to see the differences among the corporations with different size on unethical behavior. In all corporations, the corporations with workers of 200-500 have the most unethical behaviors.

Fifth, there is no big difference among the corporations in distinctive fields on corporate ethical climate and unethical behaviors. Namely, the different industry don't influence corporate ethical climate.

Sixth, the corporations with different ownership have big distinctions on abiding-law-principle corporate climate and utilitarianism corporate climate. On abiding-law-principle corporate climate, those foreign investment enterprises are the best ones, and private enterprises do it worst. On utilitarianism corporate climate, state-owned corporations have few utilitarianism corporate climates, but private enterprises have the most utilitarianism corporate climates.

The ninth chapter is to make a conclusion that expounds the main research results, research theory and practice contributions, research limitations and so on.

This dissertation makes several creations on researching. They are:

First, it makes a theoretical construction on dimensions of corporate ethical climate and verifies them through empirical research. It finds three dimensions: utilitarianism corporate ethical climate, abiding-law-principle corporate ethical climate and abiding-ethical-principle ethical climate. It proves that these three dimensions become stronger and stronger on the level of ethical dimension.

Second, through the empirical study on forming mechanism of corporate ethical climate, it concludes that those influential factors such as leadership, code of ethics, rewards and sanctions system, ethical training and ethical decision making, have played important roles in corporate ethical climate. Among them, all have a negative relation with utilitarianism ethical climate, but have positive relations with abiding-law-principle and abiding-ethics-principle corporate ethical climates.

Third, through the empirical research on the relation between corporate ethical climate and unethical behavior, it concludes that the utilitarianism corporate ethical climate has a positive relation with unethical behavior, and the abiding-law-principle and abiding-ethics-principle corporate ethical climates have negative relations with unethical behavior.

Fourth, through the empirical research on the situation of corporate ethical climate in China and the different unethical behaviors, it concludes that the corporations on the different stages have different corporate ethical climate on abiding-law-principle and abiding-ethics-principle, that the corporations in different industries have different corporate ethical climates on abiding-law-principle and different unethical behavior, that public and private corporations are different on abiding-law-principle corporate ethical climate, abiding-ethics-principle corporate ethical climate and unethical behavior, that the corporations with different size are different on unethical behavior. But corporations in different industries have no big distinctions on ethical climate and unethical behavior. And there are great distinctions on abiding-law-principle corporate climate and utilitarianism corporate climate among corporations that have different ownership.

KEY WORDS: ethical climate, unethical behavior, influential factors, corporate ethics, ethical construction

第一章　绪　　论

一、问题的提出

在市场经济活动中，企业为了求得长期的发展，仅仅追求利润目标是不够的，还必须注意企业发展是否符合整个社会发展要求，是否符合生态环境发展的要求。这涉及到企业的社会责任感、企业信誉、企业道德等等问题，而且企业在这一方面的状况如何，越来越受到人们的重视。从一些诸如“最受尊敬的企业”、“最讲信誉的企业”、“最受顾客欢迎的企业”等企业评比活动中，我们可窥豹一斑。所以企业道德作为社会道德的重要组成部分，其状况如何、建设得如何，对社会事业发展乃至国家健康协调发展都有重大影响。因为，企业的生存和发展离不开社会，企业不能为了自身的利益而牺牲整个社会的利益。在激烈的市场竞争中，企业若没有良好的道德自律，经常发生不道德的经营行为，则会扰乱正常的经济秩序，导致投资环境恶化，冲击着人们的道德观念和价值观念，影响社会的稳定和精神文明的发展。而且，如果一个企业道德水准不高，没有获得企业相关利益者的信任，就无法运作。一个值得信任的企业，能够吸引很多人，例如对企业进行投资的投资者、为企业工作的员工、购买企业产品的顾客、提供相应产品的供应商等等。特拉伯兹特等(Torabzadeh et al.,1989)认为，企业的成功与企业获得的信任有直接的关系。信任是建立在相互的商业关系上布兰德(Brand,1989)。如果从事商业活动的人不互相信任，那么企业明天就会倒闭(索罗门和汉森 Solomon & Hanson,1986)。国内外许多优秀企业之所以在竞争中立于不败之地，其中一个重要原因就是这些企业的道德水准高，企业的信任度高。经营卓越的企业，特别注重树立为社会服务的信念，并把它作为制定企业发展战略的基本原则。从企业外部而言，道德水准高的企业能够形成一个良好的经营环境，因为它与同行公平合理竞争、合作协调，以满足消费者的合理需要作为企业的职责，并维护生态环境，注重可持续发展等等；从企业内部而言，道德水准高的企业具有高度的员工忠诚度和凝聚力，因为它树立以人为本的企业伦理价值观，在追求其利润最大化的同时，还注重员工的全面发展。因此企业要想在日益激烈的市场竞争中立于不败之地，不仅要有先进的技术、雄厚的资源和灵活的经营机制，还要有良好的企业道德。那种违背伦理道德不择手段的经济行为，也许会使企业获得短期盈利，但却很难在长期竞争中站稳脚跟，不可避免地会在激烈的市场竞争中被淘汰出局。

事实和研究表明，一个道德水准较高的企业，往往也是一个财务状况良好、持续发展的企业。如比尔·兰顿(BillLangdon，1997)指出"公司的道德与公司的利润有着直接的关系……公司讲道德，从长期来讲，促进公司利润的增长……公司要追求长期发展，就必需考虑自身的社会责任和道德要求……"。这是因为，如果一个企业道德水平高，政府对它赞赏和支持、投资者对它有信心并且不断地对它进行投资、顾客对它信赖等等，那么企业自己的内部员工都觉得身为企业的一员是一种自豪和光荣。这种良性循环机制，是企业获得长期发展的动力和源泉。企业只有树立高度的社会责任感，才会在追求利润最大化的过程中，自觉把促进经济发展、社会进步、提升社会整体效益作为重要的价值方针，在改善人与人、人与社会、人与自然的关系上，在创造社会整体未来最大福利、提升整体社会生活最高品质上，在提高人的素质、使每个人得到全面发展上有更大的作为。企业要走向市场，参与竞争，就需有个良好的道德水准，树立高道德标准的经营理念，从而拥有市场，拥有消费者。随着企业的发展和社会的需求，企业需要坚持不懈加强自身的道德建设，不断地提高自身的道德水平，只有这样才能获得长期有效的发展。

二、研究意义

企业的不道德行为不仅严重损害企业形象，削弱企业的社会地位，危害企业的生存和发展，而且也阻碍市场经济体制的健康运行，破坏社会经济秩序，降低整个社会的道德水平。特别是加入了世界贸易组织(WTO)之后，我国经济上逐渐融入国际社会，在公平开放的国际竞争中，没有伦理的企业将难逃被淘汰的厄运。市场经济呼唤企业道德，全面建设小康社会要求企业道德，企业的健康成长也离不开企业道德，因此，构建与经济全球化相适应的企业道德，加强企业道德建设势在必行。企业道德建设包括两个方面，一是企业外部经营环境的建设，二是企业内部伦理文化的形成及其管理。企业外部经营环境的建设主要是政府加强法制建设和引导社会价值导向。在企业道德建设中，促进企业内部伦理气氛及其文化的形成起着十分重要的作用，原因包括以下方面。

第一，企业道德行为受个人因素、组织要素和环境因素的影响。建立企业道德，需要有促使企业讲道德的外部压力和动力；需要企业员工尤其是经营者的自律；也需要企业内部道德管理机制，三者应该相互补充、相互促进。

第二，对企业而言，外部的压力和动力，如加大执法力度、建立企业和个人的信用征信制度、舆论监督等等都是外因，而内部管理机制是内因，外因是条件，内因是根据，外因只能通过内因起作用。对个人而言，内部道德管理机制能对个人施加影响，增强其讲道德的自觉性。

第三，同样的环境条件，有些企业及其成员选择了道德行为，有些却选择了不道德行为，这一事实说明，组织要素、个人因素可以相对独立地发生作用。而且，对企业来说，组织要素是可控的，而环境因素是不可控的。在环境因素一定的条件下，企业可以通过改善组织要素，达到促使企业及其成员选择道德行为，减少乃至避免不道德行为的目的。

在促进企业内部伦理气氛和文化形成方面，国外学者提出了多种多样的措施，内容包括制订伦理计划、设置伦理委员会和伦理主管、制订现实可行的目标、实行伦理决策、制订伦理守则、有效地沟通、伦理培训、伦理审计、建立举报制度、惩罚违背道德规范的行为者等等措施。并且学者们一致认为影响企业作出伦理决策的有两个因素：个人因素和组织因素。国外学者（佐伊·法雷尔和格雷欣 Zey-Ferrell & Gresham，1985；亨特和维特尔 Hunt & Vitell，1986；琳达·克勒贝·特雷维诺 Linda Klebe Trevino，1986；琼斯，1991；维马拉西里 、帕维瑞和亚利尔 Wimalasiri，Pavri & jalil，1996；阿卡 Akaah，1997）的实证研究表明对企业道德决策会产生影响的因素有：个人因素包括个人认知道德的发展程度（cognitivemoral development）、个人道德哲学（moral philosophy）、性别、年龄、教育和工作经历、国籍、宗教信仰、控制力（locus of control）、目的等等；组织因素包括机会（opportunity）、组织的伦理守则（codes of ethics）、组织的奖惩制度、组织文化和组织氛围（culture and climate）以及有影响力的其他人（significant others）等等。

针对如何进行企业道德建设问题，国内学者也纷纷提出了建议和方案。其中，梁喜书和张洁（2005）认为，“加强企业伦理建设，除了需要继续完善市场体系，健全市场规则，强化社会舆论监督，提高法律意识和执法力度，加强社会主义精神文明建设，为企业伦理建设创造良好的社会环境以外，对企业自身来讲，主要是做好两方面的工作：第一是树立正确的企业价值观；第二是企业道德规范制度化”。夏绪梅和李萍(2004)提出企业伦理建设的理论架构，即“企业伦理建设包括外部建设和内部建设，外部建设包括构建完备的法律体系和加强政府的宏观调控；内部建设包括内部管理制度化、企业员工伦理道德教育及培训、设置伦理机构和配备专门负责人等”。王文臣(2000)认为“企业道德建设的方法和途径有四：第一，社会价值导向是企业道德建设的现实土壤；第二，企业文化是企业道德建设的有效载体；第三，严格制度管理，注意利益诱导是企业道德建设的重要手段；第四，领导重视，以身作则，依靠职工是企业道德建设的关键”。郑少智(2001)认为“构建诚信机制的重点是建立社会诚信服务体系，创造诚信社会的制度条件，营造诚信社会的市场环境和加强诚信社会的软硬件建设”。余红(2002)提出“诚信管理制度的基本框架是：诚信管理机构专门化，诚信管理系统网络化，诚信管理征信体系化，诚信管理信息数据化，诚信管理评价标准化，诚信管理咨询社会化”。牛雄鹰等(2001)提出“通过招募、选拔、提升、处分四个方面来进行诚信管理”。

总体而言，关于企业伦理气氛和文化形成的研究，在国外即使是在这一领域研究最为活跃的美国还远未成熟，主要表现在两个方面：一是一些组织因素如企业的战略目标等对企业的伦理气氛的形成影响研究较少；二是大多数学者从不同的组织因素对企业伦理气氛的影响进行研究，而对如何把这些组织因素进行整合，系统地促进企业伦理气氛的形成并进行管理的研究还比较薄弱。即使已有的研究成果，也只能供我们参考，毕竟中西方企业的内外部条件存在着很大差异。加里·韦弗(GaryR. Weaver,2001)明确指出，“文化差异会影响道德管理措施的有效性，盲目照搬美国的做法有可能导致失败”。

国内现有企业道德研究在研究角度上，从企业外部，即从政府和社会的角度研究促进企业道德水平的较多，而从企业内部研究伦理形成机制的较少；在研究内容上，对我国企业道德的现状、企业讲道德的必要性、道德缺失的原因及宏观措施论述较多，对影响企业道德行为产生的因素及其作用规律论述甚少。

本文将从企业内部角度对企业伦理气氛形成机制进行系统研究，其目的是通过研究影响企业伦理气氛形成的因素及其作用规律，探求企业伦理气氛与不道德行为之间的关系，从而建立企业内部的道德管理体系，减少企业的不道德行为，提高企业的道德水平，促进社会经济健康发展。本文研究的意义在于以下方面。

(1)从理论上对影响企业伦理气氛形成的因素及其作用规律进行总结，对我国文化背景下影响企业道德的因素进行研究。

(2)对企业伦理气氛的维度进行理论探讨，并研究不同维度的企业伦理气氛和不道德行为之间的关系。

(3)对我国企业的伦理气氛状况进行比较研究。

(4)提出符合我国当前国情的企业内部促进伦理气氛形成的管理措施，供企业和相关部门参考，有助于提高我国企业的道德水平，谋求企业的长期发展，形成一个良好的经济秩序和社会环境，促进社会精神文明建设。

三、研究思路与逻辑框架

(一)研究思路

首先，对企业伦理气氛维度进行理论分析和实证验证。主要在前人研究的基础上，借助伦理判断理论和道德发展理论，阐述企业伦理气氛的理论构建。通过验证性因素分析对企业伦理气氛的内在结构进行实证验证，得出企业伦理气氛的三个构成维度，即利己主义的企业伦理气氛、遵循法律制度的企业伦理气氛和遵循道德规范的企业伦理气氛。

其次，运用相关分析和回归分析，研究影响企业伦理气氛形成的各组织内部因素及其效应。这些组织内部因素包括领导、伦理机构、伦理守则、奖惩制度、伦理培训、伦理决策等等。

再次，对企业伦理气氛和不道德行为关系进行研究。主要是在前人研究的基础上，运用多元回归分析和结构方程模型，对企业伦理气氛的各维度之于不道德行为的不同影响进行分析。

最后，运用单因素方差分析的方法，对处于不同发展阶段、处于不同行业及不同行业地位、不同规模、所有制结构不同的企业和是否上市企业的伦理气氛状况与不道德行为进行差异研究，从而为企业形成良好的伦理气氛提供借鉴。

(二)逻辑框架

根据以上思路，本论文的逻辑框架如图 1-1 所示：

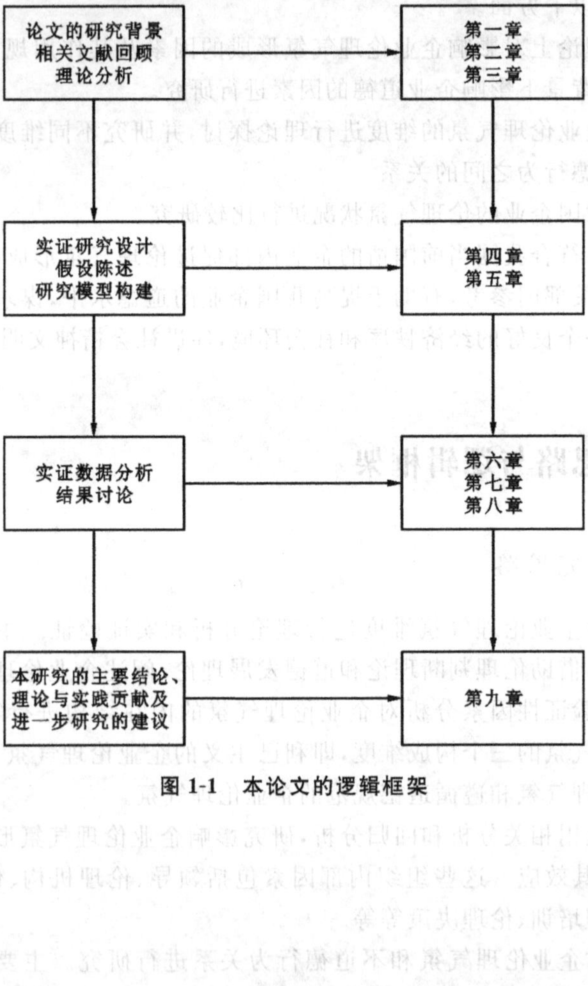

图 1-1 本论文的逻辑框架

第二章　文献回顾与评价

一、关于组织气氛的研究[①]

（一）组织气氛的起源及概念界定

1926年，托尔曼提出环境“认知地图”的概念，即个体为理解其周围环境而形成的一种内部图式。托尔曼在实验中发现学习就是要建立一种符号格式塔的连续操作，而符号格式塔是通过环境提示和有机体经验之间的相互关系学会的。通过这样的学习得到对周围环境的某种认识，并在大脑中形成与此环境有关的认知地图，从而获得了对环境的真正了解。此时对组织气氛的研究，都把组织气氛解释为组织成员在头脑中形成的对组织状态（环境）的认知地图。

1935年，库尔特·勒温（Kurt Lewin）在研究场地论时首次提出了心理气氛（Psychological Atmosphere）的概念。勒温认为要了解人类的行为，需要考虑行为发生的情境。因此，人类行为是个人与其环境的函数，即行为随着个人及其环境而改变。同时，勒温在团体动力学方面开展了有关团体气氛的实证研究。因此，他提出了团体氛围（atmosphere）或气氛（climate）的概念，并将其定义为组织中的个体共享的知觉或个体间认知图式的相似程度。1936年，勒温又提出生活空间（Life Space）的概念，认为生活空间包含着三种事实（facts）：（1）准实体事实（Quasi-Physical Facts），指个人对环境的实体特征所持的心理解释；（2）准社会事实（Quasi-Social Facts），指个人对环境的

---

① 此部分内容已被《华东经济管理》（2006年第3期）录用。

社会事实的心理解释;(3)准概念事实(Quasi-Concept Facts),由于人欲解决某一概念的问题,或欲达到某种目的,他必须了解客观事实的概念,然而这个过程并不是没有缺陷的,所以其结果必定是与客观的概念不完全吻合。以上这些观点隐含了人对社会环境认知的意思,也即气氛概念的核心。1939 年,勒温和李皮特(R. Lippit)、怀特(L. White)提出了研究报告《在实验创造的“社会气氛”中的攻击行为类型》,即著名的“领导风格”研究。该研究以民主、专制、放任自流三种不同的领导方式来创造不同的群体气氛,考察不同气氛中群体成员的行为。这是运用社会气氛(Social Climate)为中介变量,来解释领导风格的有关问题。1952 年,勒温发展了这些概念,把任何群体的气氛定义为个体共同的知觉或个体所形成的认知地图之间相同或相似的部分。

1958 年,阿吉里斯(Agryris)通过访谈,提出了一个解释组织内行为的理论模式,其中将气氛看成是组织的一种恒定状态(Homeostatic States)。同时,他还认为“气氛”与“文化”是可以相互替代的。1960 年,麦格雷戈(McGregor)在其著作《组织的人性面——Y 理论的实践》中,说明了管理气氛(Managerial Climate)的问题,他认为组织中所执行的政策、计划等一切管理过程都是通过管理气氛的形式为部属所知觉到,所以组织中最重要的环境是反映上司与部属之间关系的气氛,而且气氛会受到管理者内在人性假设的影响,即管理者是采用 X 理论还是 Y 理论的管理假设。

1968 年,利特温与斯特林格(Litwin & Stringer)合作,首次以书籍的方式来探讨有关气氛的问题,他们指出“氛围”或“气氛”的概念是人员(P)和环境(E)之间的关键功能的连接,认为组织气氛是指在一个特定的情境中,每个组织成员对环境的直接或间接的知觉,而且气氛可以影响组织内员工的动机、态度、信念和价值。同年,利特温与塔基乌里(Tagiuri)提出,气氛是代表组织成员感受所处组织环境的一种知觉,此知觉来自成员的经验,并能影响组织成员的行为,可以利用一系列的组织属性加以描述。1970 年,坎贝尔等人(Campbell et al.)指出气氛为特定组织中,组织、成员和环境交互而产生的一组属性。同年,斯特恩(Stern)提出组织气氛是一种社会力量或压力,会对个人的行为造成影响。1973 年,普里查德和卡拉斯克(Pritchard & Karasick)把组织气氛定义为:使一个组织与其他组织区分开来的相对稳定的内部环境特点。气氛源自组织成员,尤其是高层管理者的行为与政策;气氛被组织成员所知觉到,是作为解释情境的基础,同时气氛可以作为指导活动的动力来源。

1975 年,施耐德(Schneider)定义气氛为从特定事件、状况和经验的微观认知(Micro perception)中得到一个宏观的认知(Macro perception),并且经由抽象化的心理历程而形成的概念，同时提出气氛具有互动性、持久性、知觉性和整体性。1983年，西尔弗(Silver)认为，气氛是一个组织的独特风格，且每个组织均有异于其他组织的特性。气氛具有两种意义，即：(1)整体心理的知觉(Moral Perception)或认知的架构(Frame of Cognition)意义；(2)对个人的行为具有影响作用。1985年，格里克(Glick)指出气氛是一组用以描述组织环境影响个别组织成员行为的变量，经由社会、组织过程而产生，是一种组织的现象。

由于组织气氛的定义多样化，有些学者对气氛的定义先后总结过。1974年，詹姆斯(James)和琼斯对气氛的定义进行了总结，并从定义层次上将气氛研究分为三类：(1)组织属性(Organizational Attribute)的描述层次。在这类研究中，气氛往往被定义为一个组织的明显物质和物理特性的集合；(2)个体认知(Individual Perception)层次。这个层次的研究往往将气氛定义为个体对组织的认知，而这种认知将显著地影响个体在组织中的行为。这个层次上的研究成为20世纪60—70年代研究的主流，但是大家的研究都基于个体对气氛的认识，提出的气氛维度也不一致，并不能很好地说明和解释组织内的行为；(3)群体认知(Collective Perception)层次。这个层次的研究将立足点定位为群体，认为气氛是存在于个体共同的知觉中，只有这种群体认知才对个体有重要的心理意义，进而影响他们的行为。詹姆斯和琼斯总结了气氛定义的层次后，提出了检验气氛概念是否具有心理学意义(Psychological Significance)的四条标准：(1)气氛反映的是人对环境的认知；(2)气氛包含了一个从具体环境描述到知觉环境中有重要意义成分的抽象描述过程；(3)气氛往往结合了环境特征和个人经历；(4)气氛是一个多维度的概念。詹姆斯和琼斯还预见今后关于气氛的研究将越来越以群体认知为基础。1982年，菲尔德与艾贝尔森(Field & Abelson)也对以往的气氛研究进行了分类，他们认为，在先前的研究中，气氛虽然被视为一个概念，但在操作上却可分成组织、团体与个人三个层次，它们之间的共同点在于：(1)有持久的性质；(2)可以测量；(3)会影响组织成员的行为。

虽然在早期气氛的研究中，组织气氛往往是作为一个解释性的中介变量出现在研究中，但是透过众说纷纭的气氛界定，可以得出组织气氛在大体上不脱离这样一个基本观念，即组织气氛是组织成员对于组织环境的主观知觉和描述，并成为组织的特色。

(二)组织气氛的维度研究

随着气氛研究的深入，学者们开始关注气氛的维度问题，并试图从中抽取出气氛的核心维度，但是研究结果相差甚远。施耐德和赖歇尔（Reichers）（1983）指出"如果没有明确的所指，空泛的谈论气氛是没有意义的"。因此，研究者又回过头来，开始反思气氛定义的内容，并以此推进气氛维度和测量的研究。

坎贝尔（1970）等人曾对已有的气氛量表进行过回顾与综合，并发现有四个因素贯穿于所有的研究之中，为此他们提出了以下四个核心维度：（1）个体的自主性：包括个人责任、动机的独立性、规则指向和涉及个体积极性主动性机会的因素，这个维度的要旨在于个体主宰自我的自由度，保留相当的决定权而不必经常向上级管理部门报告他的责任；（2）赋予职位的结构程度：是指上司对下属设定和传达工作目标及工作方法的清晰程度；（3）奖励指向：包括奖励因素、一般满意因素、提升—成就指向；（4）体谅、关怀和支持：是指上司对员工的支持和鼓励，同事之间互相关心的关怀气氛。

1990年，科珀曼、布里夫和古佐（Koperlman，Brief & Guzzo）在以上四个核心气氛维度的基础上又提出了以下五个核心维度作为气氛的共同元素：（1）目标指向：指员工对任务结果和完成任务标准的了解程度；（2）手段指向：指员工对他们在工作中应该使用的方法和程序的了解程度；（3）奖励指向：指员工对组织奖励制度的了解程度；（4）任务支持：组织为员工提供工作所需材料、设备、服务等其他资源的程度；（5）社会情绪支持：指员工受到的情感关注程度。

2002年，斯特林格发现能够根据以下六个明确的维度对气氛进行描述和测量。（1）结构：反映了员工对于良好管理和明确的角色定义、责任的感受。当人们感觉到每个人的工作都很清晰时，组织结构为高结构；当他们对由谁去做什么任务和谁是命令者感觉到困惑时，则组织结构为低结构。（2）标准：测量为了提高绩效而感受到的压力，以及鼓励员工做好工作的程度。高标准意味着员工总是在寻找提高绩效的方式；低标准则反映了员工对于绩效的低期望。（3）责任：反映的是员工"成为自己的老板"的感觉。高责任意味着鼓励员工自己去解决问题，而低责任显示的是对于新方法的使用没有得到鼓励。（4）认知：显示的是员工对于成功完成工作的奖励。高认知气氛是以奖励与批评的平衡为特征，而低认知意味着没有持续奖励成功完成工作的员工。（5）支持：反映的是工作团队成功所需的信任和相互支持。当员工感觉到他们是一个功能健全团队的一分子并且如果他们需要就能得到帮助（特别是老板）时为高支持；当员工感觉到孤立和独自一人时，则是低支持。（6）承诺：反映的是员工从属于组织的自豪感和对于组织目标的承诺。强承诺与个人高忠诚度相关联，而低承诺意味着员工对于组织和目标的无动于衷。

(三)组织气氛的测量研究

对于组织气氛的测量,可以分为客观测量和主观测量两种。客观测量以埃文(Evan,1963)、劳伦斯和洛尔施(Lawrence & Lorsch,1967)为代表,一般以规模、管理人员与生产人员之比例、规则的数量等来描述;而大部分研究者采用的是主观测量,即采用成员对组织不同方面的知觉来测量组织气氛。因为对气氛维度一直未能达成共识,于是大多数研究者采用了根据研究对象的实际情况和自己的研究兴趣,对组织气氛的不同方面加以研究。经过几十年的研究,形成了各方面、多样的量表,并且通常采用问卷法来考察个体知觉的组织特征。

1956 年,亨普希尔(Hemphill)编制了"集体维度描述量表"(Group Dimensions Questionnaire)。该量表有 150 个题目,分五点计分,反应区间从"非常正确"到"非常错误"。这一量表包含 13 个维度,它们分别是:(1)自主性;(2)对其成员的控制;(3)正式的程序;(4)愉快的气氛;(5)同质的成员资格;(6)成员之间相互了解的程度;(7)稳定性;(8)地位分层;(9)凝聚力;(10)清楚的目标;(11)进入的难易程度;(12)成员的卷入强度;(13)成员对集体事务的参与程度。

1968 年,塔基乌里发展了一套"行政气氛量表"(Executive Climate Questionnaire)。项目分七点计分,内容涉及组织、高层管理、组织政策、工作、部门、上司、同事、下属和组织进步。建构量表的数据来自对参加哈佛大学高级管理班的 232 位成员的调查。最终抽取的五个因素分别是:(1)方向性和指导性的政策;(2)职业气氛;(3)主管素质;(4)管理部门素质;(5)强调行政自主与满意度相结合的结果。

1969 年,利特温和斯特林格开发了"组织气氛量表"(Organizational climate questionnaire)。他们的研究主要以实验室的实验研究进行,其被试共 15 人,被分到 3 个模拟的组织中。通过控制领导风格形成不同的组织气氛,以考察组织气氛与工作动机的关系。此量表共有 9 个分问卷,每个分问卷有 5 个题目,量表分四点计分,从"非常不同意"到"非常同意"。这 9 个分问卷是:(1)工作结构;(2)愿意承担责任;(3)报酬;(4)愿意承担风险;(5)温暖;(6)支持与信任;(7)行为标准;(8)冲突公开化;(9)认同。利特温和斯特林格的研究证明了一个假设:即不同的环境要求会激发不同的动机。如官僚式或权威式的领导会唤起员工的权力欲望;一个友善、亲和的领导会使员工产生交往欲望;一个强调高产量、个人目标和个人责任的领导会唤起员工的成就动机。此外,还得出不同的领导类型会形成不同的组织气氛的结论,这种组织气氛一旦产生就会影响到动机,从而影响员工工作业绩和工作满意度。利特温和斯特林格开发的这个组织气氛量表在生产领域中的组织,尤其是在一些跨国组织得到了广泛应用,如英国石油公司(BP)、英国铁路公司(BT)等一直采用该量表测量其员工对组织环境的知觉,并据此来改善工作环境和条件,最终提高组织产出。

1971 年,佩恩和费斯(Payne & Pheysey)修订了斯特恩在 1970 年编制的组织气氛量表(Organization Climate Index),并将其应用于商业组织,形成了后来的"商业组织气氛量表"(Business Organization Climate Index,简称 BOCI)。这是一个比较有影响并被后来研究者广泛使用的气氛量表。佩恩和费斯选取了 120 个初级经理作为被试,来研究组织结构对气氛的影响。BOCI 共有 20 个分量表,每个分量表有 8 个项目。1991 年,佩恩、加斯顿和布朗(Gaston & Brown)进一步修订了这份量表,形成了新版的 BOCI。此新版的量表有 17 个分量表,每个分量表有 8 个项目,用因子分析的方法得出了三个因子:(1)服务和系统取向,包括的分量表有:规则取向、管理文化、管理效率、顾客服务、广泛社区取向、质量取向、社会性和未来取向;(2)组织进程,包括的分量表有:质疑权威、公开思想、智力取向、科技取向、准备革新和信息技术取向;(3)合作,包括的分量表有:领导心理距离、人际攻击和刻苦。

1987 年,维克托和卡伦(Victor & Cullen)开发了组织伦理气氛问卷表(Ethical Cliamte Questionnaire,简称 ECQ),用来测量从理论上推导出来的组织伦理气氛,此量表共包含 36 个题项。通过因素分析,维克托和卡伦(Cullen)在 1988 年得出了现实中组织存在的五种伦理气氛,其结果得到后来学者的普遍接受和认可。此五种实际存在的组织伦理气氛为:关怀的伦理气氛、尊重法律的伦理气氛、尊重组织规则和经营程序的伦理气氛、工具主义的伦理气氛和独立性的伦理气氛。后来学者研究组织伦理气氛及组织伦理气氛与其他组织变量的关系时,大多验证和采用此问卷量表。

二、关于企业伦理气氛理论及其与不道德行为关系研究

(一)企业伦理气氛的理论研究

伦理气氛的概念是由维克托和卡伦于 1987 年首先提出的。维克托和卡伦(1987)把伦理气氛定义为组织内关于什么是道德行为和对道德问题如何

处理的共同认识，并提出由道德标准（ethical criteria）和道德关注点（locus of analysis）两个维度构成的伦理气氛理论模型。所谓道德标准是指用来评判事情道德特性的方法或思想，道德关注点是指在处理道德问题时关注的是哪类群体。维克托和卡伦根据三种伦理理论即利己主义论（egoism）、功利主义论（utilitarianism）和义务论（deontology）提出三个不同的道德标准来划分伦理气氛，即利己主义标准（Egoism）、慈善性标准（Benevolence）和原则性标准（principled）。同时维克托和卡伦把科尔伯格（1984）的个人道德发展的理论运用到组织中，指出个人有不同的道德发展阶段，那么作为个体的集合体组织也应该存在不同的伦理气氛，维克托和卡伦论述了道德关注点在不同的道德发展阶段是变化的，他们认为利益相关群体的不同是道德关注点不同的来源，即个人层次、组织层次和社会层次是道德关注点不同的来源。维克托和卡伦提出的伦理气氛理论构建可见表 2-1。

表 2-1　维克托和卡伦提出的伦理气氛理论构建

道德标准	道德关注焦点		
	个人	公司	社会
利己主义标准	自我利益	公司利益	效率
慈善性标准	友谊	团体利益	社会责任
原则性标准	个人道义	规则和经营程序	法律和专业规范

来源：维克托和卡伦，1987，p. 56

“道德标准”一栏表示组织成员用于了解道德问题的三种不同道德标准：原则性标准（义务论的标准）是根据规则和法律的；慈善性标准（功利主义的标准）是依据他人利益的；利己主义标准是根据自我利益的。

“道德关注焦点”项目下所列的表示决策者在道德分析中参考的三个不同层次：个人层次只考虑自己；公司层次以局部利益为目标，关心的是公司的利益；社会层次以整体为目标，考虑的是整个社会的利益。

根据“道德标准”和“道德关注焦点”两个维度，维克托和卡伦得出了九种理论上的伦理气氛，它们是：自我利益（Self-interest）、友谊（Friendship）、个人道义（Personal morality）、公司利益（Company profit）、团队利益（Team interest）、规则和经营程序（Rules and procedures）、效率（efficiency）、社会责任（Social responsibility）、法律和专业规范（Laws and professional codes）。

同时，维克托和卡伦对组织伦理气氛进行了实证研究，开发了伦理气氛问卷表（ECQ）来测量理论上存在的伦理气氛，该问卷表共包括 36 个项目。

通过因素分析维克托和卡伦于1988年得出了在实际组织中存在五种伦理气氛,得到大家的普遍接受和认可。这五种伦理气氛可见表2-2。

表2-2 组织中实际存在的五种伦理气氛

个人	公司	社会	
利己主义标准	工具主义	工具主义	无
慈善性标准	关怀性	关怀性	法律和专业规范
原则性标准	独立性	规则和经营程序	法律和专业规范

来源:维克托和卡伦,1988,pp. 111-112;维布什和谢珀德(Wimbush & Shepard),1994,p. 639

这五种伦理气氛分别包括以下方面。其一,关怀的伦理气氛(所有层次的慈善性标准):在组织中慈善性标准成为主要的准绳,即组织谋求最大多数人的利益。其二,尊重法律和规范的伦理气氛(法律与专业规范):在组织中,对原则性标准的尊重蔚然成风,并由此产生一种对社会法律和专业规范的积极态度,组织活动以遵循法律和规范为最主要的。其三,尊重规则的伦理气氛(规则和经营程序):在组织中,特别强调公司的规则或规章,一切活动必须遵循公司的规章或规定。其四,工具主义的伦理气氛(所有层次上的自我主义):在组织中利己主义成为行为的主要准绳,公司和个人的自我利益得到突出强调,组织活动中以个人利益最大化为主,而不管其他方面的利益。其五,独立性的伦理气氛(个人道德):在组织中,尊重个人的道德价值观,组织成员做自己认为正确的事情,当然这些组织成员的个人道德价值观遵循了一定的道德规范,符合一定的道德原则。

(二)企业伦理气氛与不道德行为关系研究

后来许多学者大多采用了维克托和卡伦对组织伦理气氛的理论构建,对组织伦理气氛进行了进一步研究,包括对组织伦理气氛的影响因素和组织伦理气氛与其他变量之间的关系的研究。例如凯利和多施(Kelley & Dorsch)(1991)对伦理气氛和组织认同的关系进行了实证研究,利用维克托和卡伦的伦理气氛调查问卷表,他们得出员工的组织认同度和关怀的伦理气氛及工具主义的伦理气氛是紧密相关的。厄普丘奇和鲁兰(Upchurch & Ruhland)(1995,1996)研究了伦理气氛与领导方式的关系,他们的结果表明慈善性的道德判断标准比原则性的道德判断标准更为盛行,而且组织层面的道德关注点比社会层次的道德关注点更多。德什潘德(Deshpande,1996a)研究了伦理气氛、道德行为和成功之间的关系,结果表明在关怀的伦理气氛下，成功和道德行为呈正相关；在工具性的伦理气氛下，成功与不道德行为呈负相关。德什潘德(1996b)研究了伦理气氛与工作满意度之间的关系。他发现一定的伦理气氛对工作满意度有影响，但是并不是所有的伦理气氛都与工作满意度有影响。维布什和谢珀德(1994)研究了伦理气氛与个人道德行为之间的关系。他们总结了哪些伦理气氛会促进员工的道德行为，哪些伦理气氛会促进整个公司的业绩，并且阐述了领导在建立和促进有利于下属道德行为的伦理气氛中的重要作用等等。

有关伦理气氛与道德行为的实证研究及其结果可见表 2-3。

表 2-3 伦理气氛与道德行为关系的实证研究列表

年份	作者名及刊名	研究结果
1988	维克托和卡伦：《公共科学管理》 Victor & Cullen：ASQ	确证了组织中实际存在着五种伦理气氛
1992	王和科菲：《商业道德》 Wang & Coffey：JBE	当独立董事更多时，更关注企业的道德责任和道德行为
1993	埃尔默和尼科尔斯：《商业道德》 Elm & Nichols：JBE	伦理气氛和道德推理并不相关
1994	苏塔、麦克尼尔和默斯特：《商业道德》 Soutar，McNeil & Molster：JBE	组织的伦理气氛对组织的道德行为具有明显的影响
1995	琼斯和西特贝特：《商业道德》 Jones & Hiltebeitel：JBE	组织的支持影响道德决策的过程
1996	维伯克、奥微尔开克和皮伦：《商业道德》 Verbeke，Ouwerkerk & Peelen：JBE	伦理气氛影响道德决策
1997	施韦普克、法雷尔和英格拉姆：《市场科学管理》 Schwepker，Ferrell & Ingram：JAMS	伦理气氛和可观察到的伦理冲突呈负相关关系
1998	巴特尔：《商业道德》 Bartel et al. ：JBE	强的伦理气氛和更少的伦理问题相联系
1998	特雷维诺：《商业道德季刊》 Trevino et al. ：BEQ	在具有伦理守则的组织内，伦理文化和可观察到的不道德行为相联系，在没有伦理守则的组织内，则是与伦理气氛相联系
1998	厄普丘奇：《商业道德》 Upchurch：JBE	在做道德决策时占主导地位的是关怀性的伦理气氛

续表 2-3

年份	作者名及刊名	研究结果
2000	巴尼特和瓦西:《商业道德》 Barnett and Vaicys:JBE	伦理气氛不会直接影响进行道德行为的意图
2000	弗兰纳里和麦尔 :《管理学术》 Flannery & May:AMJ	工具性的伦理气氛可以观察出员工的道德意图
2000	弗里切:《商业道德》 Fritzsche:JBE	在高科技企业里讲究遵循企业的规章制度和规则的伦理气氛占主导地位,并且道德行为增多
2001	瓦尔迪:《商业道德》 Vardi:JBE	遵循法律和规范的伦理气氛是影响组织公民行为的最重要的一种伦理气氛
2001	森哈帕克迪:《商业道德》 Singhapakdi et al. :JBE	伦理气氛强烈影响着员工对道德的看法
2001	道格拉斯:《商业道德》 Douglas et al. :JBE	伦理气氛不会直接影响道德判断
2002	韦伯和西格:《商业道德》 Weber&Seger:JBE	在道德决策进程中工具主义的伦理气氛是占主要的伦理气氛
2002	皮特森:《商业道德》 Peterson:JBE	利己主义的组织伦理气氛和不道德行为呈正相关,而讲究关怀的组织伦理气氛和遵循规则的伦理气氛与不道德行为呈负相关关系
2002	科伊:《管理问题》 Key:JMI	认为自己组织具有高道德水平的员工更容易从事道德行为
2003	韦伯:《商业和社会》 Weber et al. :B & S	具有良好的伦理气氛的企业没有著名的偷窃员工
2003	范森特:《商业和社会》 VanSandt:B & S	慈善性标准和规则性标准与更高的道德意识相联系,而利己主义标准与更低的道德意识相联系

由于研究对象的不同,对组织伦理气氛的影响研究许多学者并没有得出一致的意见,学者在企业中测量出的伦理气氛的维度也各不相同,有的测出五种伦理气氛,有的测出四种伦理气氛,并没有得到定论。但有关伦理气氛与不道德行为关系大多研究结果表明二者之间存在着关联,因为企业伦理气氛影响着员工道德决策的四个阶段即道德意识、道德判断、道德选择和道德行为。

三、关于企业伦理气氛和不道德行为影响因素研究①

（一）不道德行为影响因素研究

企业的行为是由企业的各种决策活动产生的，影响道德决策活动的因素即是影响企业不道德行为产生的因素。西方学者最先从研究企业的营销伦理开始关注企业伦理问题。

1985 年，法雷尔和格雷欣在前人的研究基础上，提出了市场营销道德决策模型，其理论框架如图 2-1 所示。

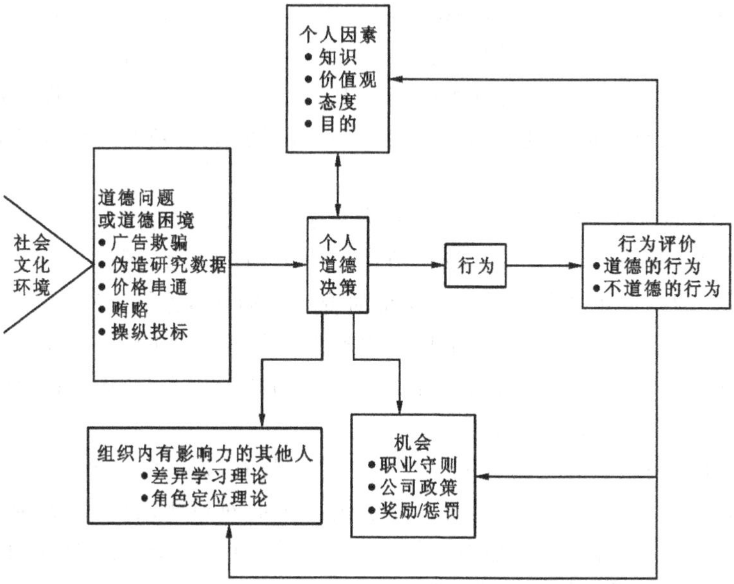

图 2-1　法雷尔和格雷欣的营销道德决策模型

该模型从道德问题的出现开始，道德问题或道德困境是从社会文化环境中产生，当一个营销人员面临道德困境进行道德决策时，受个人的道德哲学的限制，这种个人在社会化过程中形成的道德哲学影响着个人的知识、价值观、态度和意图，并且受当时的社会伦理规范影响。而组织内有影响力的其他人通过自己的行为及其与决策者之间的关系影响着个人的道德决策，例如因为权力和服从的需要，高层管理者比一般同事对个人具有更大的影

① 本部分相关内容已在《东华理工学院学报（社科版）》（2005 年第 2 期）正式发表。

响力。法雷尔和格雷欣用差异学习理论和角色定位理论来阐释组织内有影响力的其他人对决策者的作用机制,认为差异学习的产生(从关系密切的团体或个人中学习)可以预测道德或不道德行为的产生;营销人员在进行道德决策时还受不道德行为发生机会的影响,这种机会与是否存在职业伦理守则、公司政策和奖惩制度相关,例如对不道德行为奖励越大,不道德行为发生的可能性越大;对不道德行为惩罚越小,不道德行为发生的可能性越大;而对实际发生行为的评价又反过来影响个人的道德观念和不道德行为发生的机会。

此理论模型整合了前人研究的成果,系统地提出了影响营销人员道德决策的基本因素有个人因素和组织因素。个人因素包括知识、价值观、信念、态度和目的,组织因素包括组织内有影响力的其他人和不道德行为发生的机会。但在该模型中,没有对社会、文化、行业等其他外部环境加以考虑,而仅仅提到了道德问题或道德困境是从社会或文化环境方面提出的。另外,该模型没有对道德判断和道德选择加以区别,道德判断和道德选择在该模型中被视为是同一的。

1986 年,亨特和维特尔从描述性角度解释道德决策过程,探寻影响道德判断的因素和原因,建立了市场营销道德决策理论模型,用以帮助解释其他学者做过的有关市场营销道德的实证研究。1991 年,他们又对 1986 年的模型进行了一些修正,扩充了各个环境因素的具体内容,并且把情境约束因素(situational constraints)换成内容更多的行为约束因素(action control),修正后的理论框架如图 2-2 所示。

此理论模型认为道德决策过程包括道德判断、建立道德意图、道德行为发生、行为实际产生的后果评价。当营销人员面对道德困境时,各种环境因素(文化环境、行业环境和职业环境)、组织环境因素和个人因素(价值观、道德品质、信念体系、道德敏感程度等)影响营销人员确定可供选择的方案。同时,营销人员对这些方案从义务论和结果论两个角度进行评价,其中义务论评价受当时的义务论规范的影响,结果论评价受行为结果出现的可能性、希望程度和利益相关者的重要程度影响。营销人员的总体道德判断是综合了义务论评价和结果论评价两种评价的结果。在接下来的建立道德意图阶段即形成行动意图阶段,亨特和维特尔认为意图由总体道德判断和结果论评价决定,其中,意图有时候受结果论评价的影响更大,因为决策者虽然在总体道德判断上认为某一行为方案是符合道德的,但是行为的结果与决策者的自身利益更直接相关,致使结果论评价更容易使决策者建立道德意图。意图建立后是否最终产生实际的行为还受行为约束因素影响,所谓行为约

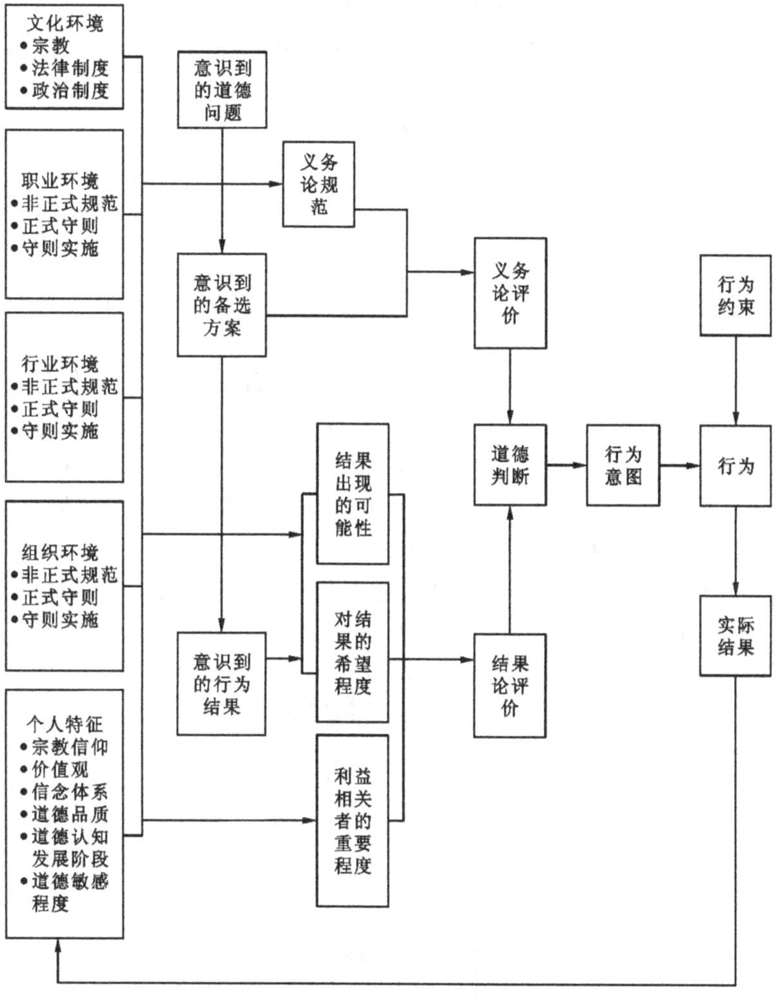

图 2-2　亨特和维特尔的营销道德理论模型

来源：亨特和维特尔，1986，pp. 5—16

束是指个人对某种行为方案的控制力，比如实施某种特定行为方案的机会。最后，营销人员对行为的实际结果进行评价，这种评价将反过来成为个人经验的一部分，影响以后的道德行为或不道德行为的发生。

该模型从义务论评价和结果论评价角度，提出影响道德判断的因素有环境因素、组织因素和个人因素。环境影响因素包括文化环境、行业环境和职业环境，亨特和维特尔的模型比法雷尔和格雷欣的模型中多加入了职业环境和行业环境，对影响道德决策的外部因素考虑更加全面。个人因素包括宗教信仰、价值观、信念、道德品质和道德敏感程度等等。对于组织因素具体包括哪些因素，该模型并没有加以详细阐述，但提出组织环境因素无论是对义务论评价还是对结果论评价都有影响。

该模型把道德判断和道德选择区分开来，而且认为道德选择（即建立道德意图）受总体道德判断和结果论评价两个因素影响，有时候受结果论评价影响更大。因为在该模型中，总体的道德判断是义务论评价和结果论评价的结果，而有些营销人员往往特别关注结果论评价，从而做出道德选择。这就有力地解释了为什么有些营销人员的道德判断和意图不一致的内在原因。

该模型另外一个特点就是提出了对行为的实际后果进行评价这种反馈对个人因素有影响，比如影响个人的道德敏感度，从而成为个人道德经验的一部分，影响下一次的道德决策，形成不断的循环过程。这提示我们某一次的道德决策与个人上几次相似类型的道德决策存在着极大的关联性，这种关联性通过每次的实际行为结果评价起作用。

1986 年，特雷维诺从个人和情境相互作用的角度探讨了影响道德决策的个人因素和组织因素及其作用机制，其理论框架如图 2-3 所示。

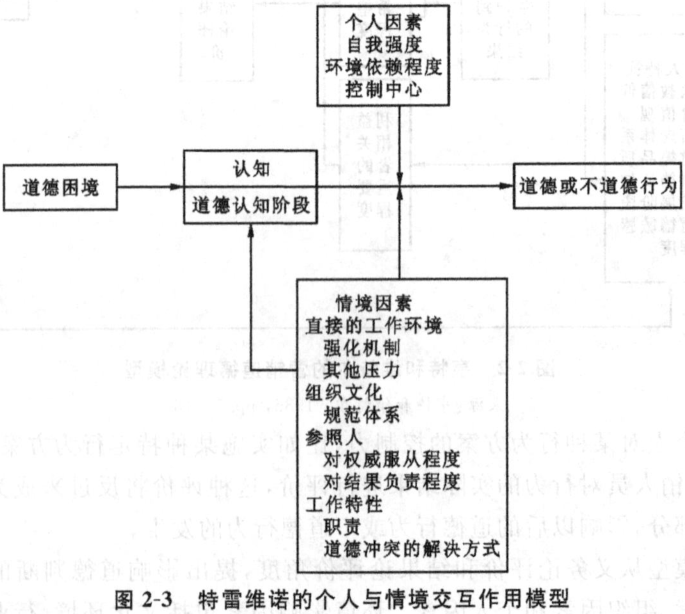

图 2-3 特雷维诺的个人与情境交互作用模型

来源：特雷维诺，1986，pp. 601—617

特雷维诺提出的个人和情境因素交互作用模型以道德困境的存在开始，进而形成道德意识阶段，个人的道德认知阶段决定了个人怎样看待道德困境，决定了他认为什么是正确的或者错误的决策过程。然而，正确和错误的认知并不足够解释和预测道德决策行为，个人和环境的其他因素及认知因素相互作用决定了个人对道德困境如何作出反应。特雷维诺充分利用了科尔伯格的道德认知发展模型，认为影响道德判断的因素有个人和组织环境两类因素。个人因素包括自我强度（ego strength）、环境依赖程度（field dependence）、控制中心，这些个人因素对个人关于什么是正确的和错误的认知有影响。所谓自我强度是与自信或者自我调节技巧相联系的概念。自我强度强的人更能抵制冲动，能够依照自己的意志行事，所以自我强度强的人在处理道德认知和道德行为的关系中具有连续性，他们更倾向于做他们认为正确的事情。环境依赖程度指个体对环境依赖的程度，该模型认为依赖环境的个体会最大可能地利用外界信息来指导自己的行为，而不依赖环境的个体具有更大的自主性，在组织环境模糊时，依赖环境的人比不依赖环境的人更加利用组织外部的信息做出选择。控制中心是指对事情结果如何归因，一个"内部控制论"的人相信事情的结果是由自己努力造成的，而"外部控制论"的人认为生活中的事情是由命运、运气等外在原因造成的。"外部控制论"者对道德行为或不道德行为的结果更少归因于个人的责任，而更多地归结于外部的力量。"内部控制论"者对事情的结果承担责任，依靠自己内部关于正确的和错误的决定指导自己的行为。持"内部控制论"的管理者比持"外部控制论"的管理者在道德判断和道德行为之间表现出更多的连续性和相关性。

影响道德决策的组织环境因素包括直接工作环境（奖惩强化、其他压力）、组织文化（规范体系、伦理守则、有影响力的个人、服从权威、对结果承担责任）和工作性质等。组织因素通过工作经历影响个人的道德发展。在特定的道德发展阶段，个人不是一个空白的状态，而工作本身的特性和组织文化对个人的道德发展起着作用。组织文化对个人的道德发展起作用是通过允许组织成员承担决策责任和工作职责来实现的。例如，在一种民主的组织文化里，鼓励组织成员做出决定，在组织结构中的低层就解决各种冲突，并且考虑各种利益和观点，这种文化实际上提高了个人的道德认知发展；而在一个独裁的或者机械的组织内，角色是严格规定的，决策是依据正式的权威做出的。特雷维诺认为，当组织内部具有一套规范体系时，对于什么是恰当的行为（道德行为）或者不恰当的行为（不道德行为），组织成员更具有一致的认同，而在一种弱文化中，组织成员更倾向于依靠次文化规范对道德或者不道德行为进行指导。当组织文化鼓励个人意识到自己的行为后果并且对之负责时，道德判断和道德行为之间存在高相关性和一致性，而且只有当伦理守则和组织文化相一致并且强制执行时,伦理守则才会明显地影响道德或者不道德的行为,同时管理者的道德或者不道德行为会明显受权威的要求和有影响力的人的行为的影响。另外,外部的压力如时间、稀有资源、竞争或者个人成本等会对管理者的道德行为产生负面的影响。

该模型的第一个特点是以科尔伯格的道德认知发展模型为基础阐释了影响道德决策的相互作用的个人因素和组织因素,而且把个人因素划分为自我强度、环境依赖程度和控制中心,把组织因素划分为直接的工作环境、组织文化和工作性质等,从而进一步丰富了个人和组织影响因素的各项内容。

该模型的第二个特点是个人因素通过个人的道德发展水平,即个人处于哪个道德发展阶段对道德决策产生影响。如果我们知道个人的道德发展阶段,通过了解他的个人因素的一些特征,那么就容易了解其做出道德或不道德行为的原因。

该模型的第三个特点是组织因素通过与个人因素相互作用对道德决策产生影响。组织因素通过当时的工作本身特性、个人的工作经历和组织文化影响个人的道德发展水平,促进道德发展阶段的提高,从而产生道德行为。由此提出组织可以采取相应的措施改变道德认知和行为,例如组织可以通过建立在道德发展基础上的伦理培训或者提供解决道德冲突的机会,从而提高组织员工道德意识。这些措施包括:强化道德行为、建立组织规范体系、鼓励负责任的行为等等。

1991 年,琼斯通过分析道德问题本身特性对道德决策的影响,建立了一个以道德问题为导向的组织内个人道德决策模型,其理论框架如图 2-4 所示。

该模型建立在 J. R. Rest(1986)的四阶段决策模型基础上,即道德决策包括意识道德问题、做出道德判断、建立道德意图和实施道德行为四个阶段。

该模型认为组织因素从两个方面影响着道德决策和行为:建立道德意图和从事道德行为。组织潜在的压力会决定个人的道德目的,而组织明晰的因素不管目的是好还是坏,都会导致道德的或不道德的行为。

该模型的第一个特点就是增加了影响道德决策的因素,提出道德问题本身也是影响因素之一,而且是很重要的影响因素。当我们在进行道德决策时,必须重视道德问题或道德困境本身的特性给道德决策带来的影响。该模型的第二个特点是提出组织因素对道德认知和道德判断并没有影响,只在建立道德意图和实施道德行为这两个阶段才会施加影响,并且组织因素的影响体现在群体互动、权威因素和社会化过程中。

根据学者关于企业道德行为的影响因素研究,我们可以把影响企业道德的因素划分为四大类。

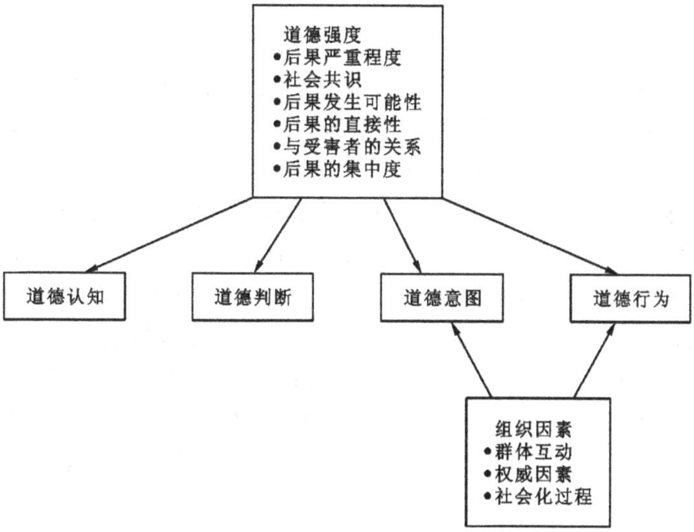

图 2-4　琼斯的道德问题权变模型

来源：琼斯，1991，p. 366

第一，道德问题本身特性：以马斯·琼斯（ThomasM. Jones，1991）提出的道德强度（moral intensity）为主的一些因素。琼斯认为道德选择不只是个人的决策，也是组织内社会学习的决定，提出道德强度对道德决策的各个阶段都有影响，道德强度是道德问题特征的总括，包含六个方面，即后果的严重程度（magnitude of consequences）、社会共识（social consensus）、结果发生的可能性（probability of effect）、后果的直接性（temporal immediacy）、与受害者的关系（proximity）和后果的集中度（concentration of effect）。其中道德问题后果的严重程度指道德行为受害人（或受益人）所受伤害（或受益）的总和；道德问题的社会共识是指社会对一种提出来的行为是善还是恶的认同程度；道德问题后果发生的可能性指问题中的行为实际发生和这种行为预期的损害（利益）实际发生的可能性；道德问题后果的直接性指现在的道德行为和道德行为产生后果之间的时间长度（时间越短表明越强的时间性）；与受害者的关系指决策者对行为的受害者（或受益者）产生的（社会的、文化的、心理的、生理的）亲近或者相似程度；道德行为后果的集中度是指在后果一定的条件下，受该道德行为影响的人数多少。琼斯认为人们更经常意识到具有高道德强度的道德问题，而高道德强度的道德问题比低道德强度的道德问题会带来更高的道德推理（道德发展处于高层次水平），并且道德意图建立更经常出现在道德强度较高的情况下，同时道德问题具有高道德强度时，道德行为更容易被观察到。

第二，员工个人因素：这些个人因素提出大多是建立在科尔伯格的道德意识发展模型基础上。涉及到的因素包括知识、价值观、信念、态度、目的、自我强度、环境依赖程度、控制中心等等。其中自我强度、环境依赖程度、控制中心三个因素概念是琳达·克勒贝·特雷维诺(1986)提出的，所谓自我强度是与自信或者自我调节技巧相联系的概念；环境依赖程度指个体对环境依赖的程度；控制中心是指对事情结果如何归因，一个"内部控制论"(internal)的人相信事情的结果是由自己努力造成的，而"外部控制论"(external)的人认为生活中的事情是由命运、运气等外在原因造成的。

第三，组织因素：学者提到的组织因素有组织文化、组织环境、道德氛围、组织结构、领导方式和行为、伦理守则、参照人或有影响力的其他人、服从权威、对结果承担责任、奖励和惩罚、工作特点、组织机会、组织环境中的其他压力等。

第四，社会因素：社会因素主要包括社会风气、法律、舆论、社会习俗以及行业风气等等因素，这是企业外部环境，对个人道德意识形成和道德判断都会产生影响。

(二)企业伦理气氛影响因素研究

不道德行为的影响因素大多数也会影响企业伦理气氛的形成，但影响两者的因素并不是完全等同的，因为企业伦理气氛属于一种组织气氛，在影响因素中排除了一些个人因素。学者们的研究表明企业伦理气氛的影响因素主要是组织内的一些因素，对于具体有哪些因素，学者们并没有达成一致的结果。研究较多的组织因素有：从事不道德行为的机会、伦理守则、奖惩制度、领导者及其他有影响力的人、组织规模和行业类型等等。学者们关于企业伦理气氛的影响因素研究及其结果可见表2-4。

表2-4 关于影响企业伦理气氛形成因素的实证研究列表

年份	作者名和期刊名	实证研究结果
	机会	
1979	佐伊·法雷尔，韦弗和法雷尔，《人际关系》Zey－Ferrell, Weaver & Ferrell：HR	机会和其他的有影响力的人比个人因素更能影响道德行为的产生

续表 2-4

年份	作者名和期刊名	实证研究结果
1982	佐伊·法雷尔，法雷尔，《人际关系》Zey－Ferrell & Ferrell：HR	机会能够预示道德行为的发生
1993	沃恩，《商业道德》Wahn：JBE	对组织的依赖性越强，组织压力越大，从事不道德行为的可能性就越大
2002	珀帕克，《商业道德》Powpaka：JBE	管理者行贿的意图受他所观察到的选择机会影响
伦理守则		
1977	布伦纳和莫兰德尔《哈佛商业评论》Brenner & Molander：HBR	伦理守则在影响道德行为的因素中处于第二位
1977	韦弗和法雷尔，《管理学术会议文集》Weaver & Ferrell：AMAP	伦理守则制定与实施会提高道德行为的发生
1978	法雷尔和韦弗，《市场营销》Ferrell & Weaver：JM	伦理守则的制定和实施并不能产生更多的道德行为
1990	特雷维诺和杨布拉德，《应用心理》Trevino & Youngblood：JAP	伦理守则的存在会提高对道德问题的认识并减少不道德行为发生
1992	巴尼特，《商业道德》Barnett：JBE	伦理守则的存在会提高对道德问题的认识并减少不道德行为发生
1993	艾伦和戴维斯，《商业道德》Allen & Davis：JBE	伦理守则必须有效地执行
1993	巴尼特，科克伦，泰勒，《商业道德》Barnett，Cochran & Taylor：JBE	伦理守则的存在会提高对道德问题的认识并减少不道德行为发生
1993	柏尼什和赦特弗，《审计和公共政策》Beneish & Chatov：JAPP	伦理守则的内容因为行业的不同而不同
1993	科沃特·哈特泽纳斯《商业道德》Kawat Hatzopoulos：JBE	简单的指导就能改变解决道德问题的模式
1993	罗伯特森和施勒格尔米尔希，《商业道德》Robertson & Schlegelmilch：JBE	英国的公司通过上级管理者传达有关政策而美国的公司通过人力资源部门传达相关政策

续表 2-4

年份	作者名和期刊名	实证研究结果
1994	布鲁斯,《公共生产效率和管理评论》Bruce:PPMP	伦理守则是必须的,但是并不是很有效
1996	麦凯布、特雷维诺和巴特法尔,《商业道德季刊》McCabe, Trevino & Butterfiel:BEQ	伦理守则存在和道德行为的发生呈正相关关系
1998	克里克和伦纳德,《商业道德》Cleek & Leonard:JBE	伦理守则不会影响道德决策行为
1999	韦弗和特雷维诺,《商业道德季刊》Weaver & Trevino:BEQ	伦理守则的价值导向对提高道德意识有明显影响
1999	西姆斯和基翁,《商业道德》Sims & Keon:JBE	混合结果:在5个试验中,1个试验证明正式的伦理守则对道德决策没有影响,3个试验证明伦理守则对道德决策具有影响
2001	亚当斯,《商业道德》Adams et al.:JBE	具有伦理守则的公司的员工比没有伦理守则的公司的员工在从事不道德行为时感受到更多的压力
2001	萨默斯,《商业道德》Somers:JBE	具有伦理守则的公司比没有伦理守则的公司更少发生不道德的行为
2002	格林伯格,《组织行为与人力决策过程》Greenberg:OBHDP	具有伦理守则的公司的员工比没有伦理守则的公司的员工偷窃行为减少
2002	彼德森,《商业道德》Peterson:JBE	伦理守则和可观察到的不道德行为减少相关
2002	麦肯道尔,《商业道德》McKendall et al.:JBE	伦理守则并不能减少非法行为
2002	保利洛和维泰尔,《商业道德》Paolillo & Vitell:JBE	不管是伦理守则的制定还是实施都会影响道德决策的意图
2003	格兰迪斯,《商业道德》Grantiz:JBE	具有伦理守则的员工拥有共同的道德意识和道德推理
2005	瓦伦丁和约翰逊,《商业道德》Valentine & Johnson:JBE	伦理守则的采用提高了员工的道德意识

续表 2-4

年份	作者名和期刊名	实证研究结果
奖惩制度(rewards and sanctions)		
1961	鲍姆哈特,《哈佛商业评论》Baumhart:HBR	对道德行为的奖励会增加道德行为的产生
1978	赫加蒂和西姆斯,《应用心理》Hegarty & Sims:JAP	对不道德行为的奖励会增加不道德行为的频率
1990	亨特,《市场科学管理》Hunt et al. :JAMS	奖励和惩罚与道德行为并没有什么关联
1990	特雷维诺和扬布拉德,《应用心理》Trevino & Youngblood:JAP	奖励通过对结果的期望直接影响道德决策
1992	德科南,《商业道德》DeConinck:JBE	不道德行为的频率反映了制度执行的强度
1992	特雷维诺和维克托,《管理学术》Trevino & Victor:AMJ	那些具有责任感的员工会报告不道德行为
1993	巴涅特和科克伦,《市场研究》Barnett & Cochran:JMR	关于道德的政策和揭露不道德行为的力度相关
1993	亨特和瓦斯克斯帕拉加,《市场研究》Hunt & Vasquezparraga:JMR	当结果是不利的,不道德行为会得到更严厉的惩罚;而当结果是正面的会受到奖励
1996	格拉斯和伍德,《商业道德》Glass & Wood:JBE	员工从事不道德行为的意图和可看到的社会结果相联系
1999	腾布伦塞尔和梅西克,《行政科学季刊》Tenbrunsel & Messick:ASQ	没有奖罚制度体系会导致关注于组织利润而不会关注道德方面的考虑
2002	雪莉和弗雷德里克,《商业研究》Cherry & Fraedrich:JBR	认为会受到惩罚的员工会更谨慎地进行道德判断
2003	宾姆斯,《商业道德》Beams et al. :JBE	在没有明显的证据表明会受到惩罚或被抓住的情况下,希望得到更多利益的员工会从事更多的不道德行为
领导者及有影响力的他人		
1961	博姆哈特,《哈佛商业评论》Baumhatt:HBR	有影响力的他人影响道德决策

续表 2-4

年份	作者名和期刊名	实证研究结果
1977	勃伦那和莫兰德,《哈佛商业评论》Brenner & Molander:HBR	有影响力的他人影响道德行为
1979	佐伊·法雷尔,韦弗和法雷尔,《人际关系》Zey－Ferrell, Weaver & Ferrell:HR	有影响力的他人和机会是可以预示道德行为的发生
1989	阿卡阿和赖尔登,《市场研究》Akaah & Riordan:JMKR	最高领导者如果对道德行为缺乏支持容易引起很多道德问题
1992	泰森,《商业道德》Tyson:JBE	在有影响力的他人和组织的道德决策之间存在着关联
1993	哲彼德和阿沙格尔夫,《商业道德》Zabid & Alsagoff:JBE	直接上级领导的行为对员工的行为有直接的影响
1994	布鲁斯,《公共生产效率和管理评论》Bruce:PPMR	有影响力的他人比伦理守则更能影响道德行为
1994	塞尔特,《商业道德》Sourtar et al.:JBE	在有影响力的他人和组织的道德决策之间存在着关联
1999	西姆斯和基翁,《商业道德》Sims & Keon:JBE	上级领导的期望明显影响员工的道德行为
2000	约翰逊,《管理研究》Jackson:JMS	最高领导者的态度会影响较低层次的管理者在道德决策中的行为
2002	扎拉克和维伊,《商业道德》Razzaque & Hwee:JBE	没有发现他人对道德行为的影响
2003	宾姆斯,《商业道德》Beams et al.:JBE	有影响力的他人影响道德意图
2005	霍尼特和弗雷德里克斯,《商业道德》Hornett & Fredricks:JBE	领导的行为并不能影响员工的道德行为
	组织规模	
1983	布朗宁和扎布里斯基,《工业市场管理》Browning & Zabriskie:IMM	规模比较大的组织更容易接受外部供应商的礼物
1990	韦伯,《人际关系》Weber:HR	在组织规模和道德推理水平之间存在着关联

续表 2-4

年份	作者名和期刊名	实证研究结果
1992	芒西,《商业研究》 Muncy et al. :JBR	道德判断随着组织规模变化而变化
1998	巴特尔斯,《商业道德》 Bartels et al:JBE	规模较大的组织倾向于具有较大的严重的道德问题
2001	查韦斯,《商业道德》 Chavez et al:JBE	组织规模和道德决策有正相关关系

在有关组织因素影响企业伦理气氛的相关研究文献中,提及较多的主要组织因素有组织机会、伦理守则的制定和采用、奖惩制度、领导者及有影响力的其他人、组织规模等等。研究结果是多样的,有的研究表明一些组织因素对企业伦理气氛并没有什么影响,有些研究结果表明这些组织因素对企业伦理气氛的形成影响程度较大。

四、关于企业伦理状况审计研究①

不管是社会整体还是其他利益相关者,或者是企业自身,如果要了解一个企业的道德状况,就需要对企业伦理状况进行审计。国外关于这方面的研究和实践活动从 20 世纪 50 年代就开始了。

(一)企业伦理审计的提出

1953 年,霍华德·波恩(Howard Bowen)出版了一本书,名为《经营者的社会责任》(Social Responsibility of the Businessman)。在此书中,提出社会责任就是有义务去追求符合社会价值和目标的决定准则和行为规则。这成为研究企业社会责任的标志性开始。肯尼斯·安德鲁斯(Kenneth Andrews,1971)指出,福利社会的一个目标就是限制个人和企业进行那些具有破坏性但仍然有利可图的行为。经过长时间的讨论,经济发展委员会(The Committee for Economic Development)1971 年出版了一个标志性的文件,名为企业的社会责任。同时,20 世纪 60 年代中期到 70 年代中期,美国联邦

① 本部分相关内容已在《外国经济与管理》(2003 年第 11 期)正式发表,并全文转载于《工业企业管理》(2004 年第 2 期)。

政府和州政府制定了许多社会规则，并且许多非政府机构进行了社会审计，主要在以下几个方面进行：环境保护、工人安全和卫生、服务质量和平等的就业机会。

1979年，阿奇·卡罗尔(ArchieB. Carroll)在其文“Organizational Social Performance Model”提出了社会审计的三个维度。第一个维度是社会责任的种类。依据对企业的重要性排列，分别是经济的、法律的、道德的、自身内在的社会责任。经济责任就是生产产品、提供服务和以合理的利润出售；法律责任就是在执行经济责任时遵循社会法律和规定；道德责任就是符合社会期望并具有正确的行为；自身内在的社会责任就是自愿地为建设更好的社会提供产品和服务。第二个维度是企业应对社会问题时采取的方式。分别有反应型(reaction philosophies)、防御型(defense philosophies)、适应型(accommodation philosophies)、前瞻型(proaction philosophies)四种类型。第三个维度就是社会问题本身。阿奇·卡罗尔所列出的社会问题有：产品的消费和服务问题、环境保护问题、歧视问题、产品安全和工作安全问题、股东利益问题。依据阿奇·卡罗尔的模型，当企业在作出道德的决定过程中需要考虑相关利益者，这些相关利益者包括但不仅仅局限于以下方面：员工、股东、顾客、供应商、投资者、社区和广大社会。

1986年由企业伦理中心(the Center for Business Ethics)在美国所做的一项研究表明，财富500强企业的43%都在不同领域作过企业社会审计，社会审计所涉及到的领域包括：工作中的平等机会(89%)、遵循法律和社会规定(81%)、参与当地社区建设(67%)、工作场所安全(65%)、产品和服务质量(57%)、环境保护(55%)、遵循国外的法律(50%)、产品和服务的安全(44%)等等。

杰拉德·温特(Gerald Vinten，1990)指出企业社会审计是企业对社会责任所作的一个回顾，以确保能够全面地、更广泛地了解和掌握被企业活动直接或间接影响了的企业社会责任目标和实践，以此在企业社会责任方面，调整旧的相关目标，作出新的企业目标。巴克霍尔兹(Buchholz，1989)指出，企业社会责任审计是企业在企业活动所涉及到的领域衡量企业绩效和表现，并评价与报告那些在传统的企业财务报告中没有涉及的企业成果及影响。

1997年10月，社会责任国际(Social Accountability International)公布了社会责任国际标准——SA8000标准，2001年12月12日发布了第一个修订本。SA8000标准是全球第一个可用于第三方认证的社会责任国际标准，旨在通过有道德的采购活动改善全球工人的工作条件，最终达到公平而体面的工作条件。SA8000标准是根据《国际劳工组织(ILO)公约》、联合国《儿童权利公约》及《世界人权宣言》制定的，主要内容包括童工、强迫劳动、安全卫生、结社自由和集体谈判权、歧视、惩罚性措施、工作时间、工资报酬及管理体系等9个要素。SA8000标准是一个通用的标准，适用于各个发展和发达国家，适用于各类工商企业和公共机构，还可以代替公司或行业指定的社会责任守则。

米埃勒·卡普顿(Muel Kaptein，1998)认为企业伦理审计是系统地对企业道德的各个方面进行描述、分析和评价，并提出从道德素质评价、行为审查、利益相关者审查、公司道德管理制度和措施审查、解决道德困境方式审查、员工个人品质和所处环境的评估六个方面进行企业伦理审计。他认为企业伦理审计与企业社会审计的相关度很高，其审计的内容很多是相同的，但企业伦理审计比企业社会审计包含更多企业道德方面的因素。

有学者把伦理审计看成是避免进行欺骗的商业行为的一项手段，指出伦理审计应辨明可能导致"道德陷阱"的现行政策和控制系统。也有人认为，伦理审计是检查员工是否认真履行了自己的责任，并发现公司不道德的行为。还有人认为，伦理审计目的是调查企业活动所产生的危害及利益，是企业行为对企业相关利益者产生的结果，而不是具体的内容和行为。乔治(De George)认为企业伦理审计是十分有用的，尤其是把伦理审计结果公开，这样会促使员工从事有道德的活动。

卡普顿指出如果利益相关者清楚知道企业的道德状况，就能够在企业行为不符合自己要求时作出是否终止与企业合作关系的决定。而企业自己如果了解自己的道德状况，可以及时地采取措施来巩固相关利益者对企业的信任。埃尔沙·道森(Elsa Dawson，1998)指出，企业伦理审计能够检查企业的道德目标与财务目标是否一致。当企业向相关利益者阐述自己的道德价值观时，企业伦理审计能够使企业更具有说服力，使相关利益者信服和接受。

(二)企业伦理审计的主体

对企业进行伦理审计的机构分为两大类：一是企业外部机构；二是企业自身。

约翰逊(2001)指出，在美国，对企业道德进行审计的机构主要有以下几类。第一类是投资基金组织。这类组织对企业进行伦理审计一来是为了使资金投资在那些从事有社会责任感的活动、道德水准较高的企业，二来是对企业施加压力，促使企业遵循投资者要求的标准。例如美国的投资基金组织(Domini Social Investments)就较早地对欲投资的企业进行了伦理审计。

第二类是社会公共利益监督机构，例如环境保护协会、消费者权益保护协会等等。这类组织对企业进行伦理审计的目的是为消费者、投资者、政策制定者，以及雇员更好地作出经济决定提供信息，同时也对企业起到监督作用。美国的经济优先权委员会(Council on Economic Priorities)在企业伦理审计方面做得较好，从1975年开始就定期向公众公布企业道德方面的相关信息。第三类是企业自身。企业为了了解自身的道德状况，也往往进行伦理审计或社会责任审计。美国的美体小铺公司(The Body Shop)每年都对本公司进行道德审计，对审计结果进行报告，最终形成一份公共文件。

(三)企业伦理审计的内容

在如何进行伦理审计方面，存在以下几种类型的研究和实践：利益相关者导向的伦理审计、伦理问题导向的伦理审计和多因素综合的伦理审计。

其一，利益相关者导向的审计。美体小铺公司(1995)主要从利益相关者的角度，分11个方面对本公司进行伦理审计。这11个方面是：公司价值观和使命(公司的目标、对有社会责任的商业活动的支持程度等)、与股东的关系(财务状况、信息披露的真实性和及时性等)、与顾客的关系(产品的质量、产品的价格、顾客投诉的处理等)、与雇员的关系(工资和福利、人力资源政策、工作环境、妇女待遇等)、与经销商的关系(授权的条款、对经销商抱怨的处理等)、与供应商的关系(合同的条款、付款的及时性等)、与其他团体的商业关系(合作项目的目的、内容和结果等等)、与生态环境的关系(污染的处理、能源的消费等等)、与当地社区的关系、公共关系(沟通渠道的准确性、公开性、对批评的反应等等)、对社会发展的贡献(动物的保护、环境的改善和人权的尊重等等)。

其二，伦理问题导向的审计。美国的经济优先权委员会从以下诸方面对企业进行伦理审计：环境问题(为保护环境所做的管理措施、自愿活动及其结果等)、妇女问题(妇女员工的报酬、发展机会等等)、少数民族问题(少数民族员工的待遇、报酬、融合等等)、可称赞的供给方面(长期和短期的投资、公司项目的重点等等)、与当地社区的关系(为社区发展提供的项目合作、自愿的努力及其相关措施等等)、家庭福利方面(员工家人的医疗保证、基于家庭原因的弹性工作制度等等)、工作环境方面(工作安全、工作场所的设施等等)、社会公开方面(自愿主动地向公众提供相关信息等)、动物保护(是否为医学目的或非医学目的利用动物)、武器条约(是否合法为国内或国外提供武器生产或其他服务)、同性恋问题(是否存在同性恋的员工及对他们的措施和待遇)。

其三，多因素模型。卡普顿(1998)提出应从六个方面进行伦理审计：道德素质评价、行为审查、利益相关者审查、公司道德管理制度和措施审查、解决道德困境方式审查、员工个人品质和所处环境的评估。卡普顿首先建立了一个关于企业道德素质评价的模型，此模型分三个维度(个人与组织之间维度、组织内部之间维度、组织与利益相关者之间维度)和七个准则(清晰度、一致性、惩罚性、支持力度、有效性、可见性、讨论性)对企业道德素质进行审计，从而得出该企业道德素质状况的评价。行为审查也从三个维度(个人与组织之间维度、组织内部之间维度、组织与利益相关者之间维度)来审查企业曾经有哪些不道德的行为。利益相关者审查主要是审查企业在实现企业利益相关者的合法要求和利益过程中，出现了哪些道德和不道德的行为，这首先要确定利益相关者的要求有哪些，哪些又是合法的以及与企业相关的要求；其次企业以何种手段来满足利益相关者的这些要求。公司道德管理制度和措施审查主要是审查企业进行了哪些活动、制定了哪些规章制度来保护和提高企业的道德状况，也从个人与组织之间维度、组织内部之间维度、组织与利益相关者之间维度三个维度来进行。解决道德困境方式审查是指审查企业员工遇到道德困境进行选择的时候，他所遵循的标准和企业对此类问题所做的处理规定及程序。员工个人品质和所处环境的评估主要是测试员工个人的道德品质及其形成的背景，一般都在员工雇佣前进行测试，包括各种能力测试、品质测试等等，采用笔试、情景测试、测谎仪测试等形式。

(四)企业伦理审计的方法

从企业伦理审计实践我们可以知道，伦理审计从两个方面进行：一是对相关的文件和记录进行审计，包括企业内部的各种成文文件和企业外部的公共机构记录及新闻媒体的报道；二是对企业的相关利益者进行问卷调查，包括公司员工、专家、顾客、经销商、供应商、投资者等等。有的公司还采用了定性检查与排除性检查相结合的方法。

美体小铺公司进行伦理审计所使用的方法有：一是对公司的文件、公司的各种审计数据和公共记录进行审计；二是与员工、经理、供应商、经销商、批评家、新闻记者和专家等等进行访谈。美国的投资基金组织对公司公共文件、商业期刊、法院记录、政府数据等进行企业伦理审计，并与公司高级管理人员见面会谈，每年由公司在公司内部执行几个方面的调查问卷，形成伦理审计标准的大概框架，最终用来完善伦理审计标准；美国的经济优先权委员会自己设计了一份长达15页的调查问卷，包含了10个种类的相关问题，并指定由公司的代表们完成。另外,还从新闻报纸、商业周刊、公司报告等等记录中对公司进行伦理审计。

美国的投资基金组织对企业进行伦理审计主要从以下两大方面进行:一方面是定性检查,另一方面是排除性检查。定性检查包括:与社区的关系(住房提供、为社区的可称赞的资助、对政治选举的支持等等)、员工多样性问题(女性员工的政策、少数民族的政策、同性恋的政策等等)、与员工的关系(人力资源管理的制度和措施)、环境保护问题(环保的产品和服务、污染环境的预防措施、可替代的燃料等等)、产品问题(产品的质量、价格、安全性等等)、国外生产方面(促进国外其他国家发展的生产和服务、跨国的劳动关系处理及公平竞争等等)、其他方面(公司高级管理人员的薪酬、公司所有人的税收问题等等)。排除性检查有:是否生产含酒精类的产品、是否进行烟草产品生产、是否与赌博行业有关、是否从事武器的生产和提供、是否是核工厂或从事与核燃料有关的产品生产等等。

五、已有文献的总结和评价

企业伦理气氛作为组织气氛的一种,是一个新兴的研究领域,而且传统观点认为,伦理道德是个人的事情,与组织、管理无关。然而,自 20 世纪 90 年代以来,这种观点受到了强有力的挑战,哈佛大学教授林恩·夏普·佩因(Lynn Sharp Paine)早在 1994 年就提出了"建立组织道德"的观点。近年来,这一观点受到了企业家和管理学工作者的广泛关注和积极响应,组织要素对企业道德的影响及企业伦理的管理已经成为了研究的热点。对前人的研究进行总结发现如下几点。

(1)1987 年,维克托和卡伦提出组织伦理气氛的概念后,众多学者就不断地对组织伦理气氛的维度进行理论分析,并对之进行实证研究,测量企业中实际存在的伦理气氛,但得出的结果并没有达到一致。就企业伦理气氛与不道德行为的关系研究中,很多研究表明企业伦理气氛整体而言影响着不道德行为的发生。但是因为企业伦理气氛的维度并没有得到一致认同,所以企业伦理气氛的不同维度和不道德行为的关系如何也没有得到定论,需要进一步的研究。

(2)关于不道德行为影响因素的研究方面,学者们建立了许多道德决策模型。这些道德决策模型从描述性的角度提出影响道德决策的各种因素,对这些影响因素的影响程度和影响机制都做了很多实证验证,模型中提出的许多假设也得到了部分或全部的验证,与实际情况相符。但是由于文化的差异和处于经济发展的不同阶段，许多不道德行为的影响因素在国外经济文化背景下可能起到很大作用，但在中国文化背景下，不一定起到同样的效果。因此，在中国文化背景下，哪些因素真正影响企业道德决策，其影响作用达到什么程度以及这些因素如何相互作用，这些都是极具研究价值的课题。

(3)关于企业伦理气氛影响因素的研究方面，学者们的研究表明：组织结构、企业文化、企业政策、领导行为等都会对企业伦理气氛产生影响。但即使在这一领域研究最为活跃的美国，对该问题研究的时间也还不长，还远没有成熟，表现在对企业伦理气氛的影响因素到底有哪些，这些影响因素如何对企业伦理气氛产生影响，并没有达成一致定论。而且即使是已有的研究成果，也只能供我们参考，毕竟由于文化的不同和经济发展条件的不同，企业内部条件存在着很大的差异。

(4)关于企业伦理审计的研究方面，从国外学者的学术研究成果和企业伦理审计的实践来看，对于企业道德的审计和测评，国外虽已有所探讨，但迄今为止大部分还是停留在进行企业社会审计的研究或仅仅是涉及到评价企业道德的某些方面，并没有形成一套完整的能够全面反映企业道德状况的测评模型和方法。而在国内，尚未开展对企业整体道德测评的研究。随着经济的发展，企业、利益相关者和整个社会都越来越迫切需要了解企业的整个道德状况，而且伴随着社会的发展，新的社会道德规范也会跟着产生，社会公众会要求企业符合更高的社会标准，所以对企业进行伦理审计的标准和内容也会发生变化，测评的技术和方法也需要得到进一步的研究。

(5)我国关于企业伦理方面的研究，从研究角度看，从企业外部，即从政府和社会的角度研究促进企业道德的较多，从企业内部研究伦理形成机制的较少。从研究内容看，对我国企业道德的现状、讲道德的必要性、道德缺失的原因及宏观措施论述较多，即使少数从企业内部讨论的，也只涉及某个侧面，如企业家自律、道德教育、人力资源管理制度等，对于企业文化、企业战略、企业组织、组织制度、领导行为、组织控制等对企业伦理的影响规律，设计并有机地整合这些组织要素，建立较为完整的有效的企业伦理管理机制，研究的非常少。从研究方法上看，大多是作定性描述性的研究，实证研究非常少。

六、本文相关概念的界定

为了便于理解，在此首先对文中出现的一些关键性概念的内涵与外延作统一说明。

1. 道德与伦理

在中国最早的典籍中,“道”表示事物运动和变化的规则,“德”表示对“道”的认识、践履而后有所得。东汉的刘熙对“德”的解释是:“德者,得也,得事宜也。”意思是说,“得”就是把人和人之间的关系,处理得合适,使自己和他人都有所得。许慎更明确地说:“德,外得于人,内得于己也。”就是说,“德”是一个人在处理人和人的关系时,一方面能够“以善念存诸心中,使身心互得其益”,即“内得于己”;另一方面,又能够“以善德施之他人,使众人各得其益”,即“外得于人”。

“道德”二字连用,始于春秋战国时的《管子》、《庄子》、《荀子》诸书。荀况说:“故学至于礼而止矣,夫是之谓道德之极。”荀况不但将“道”和“德”连用,而且赋予了它较为确定的意义,即指人们在社会生活中所形成的道德品质、道德境界和调整人与人之间关系的道德原则和规范。

由此可见,“道”是指规范,“德”则是对该种规范的认识、情感、意志、信仰以及在此基础上形成的稳定的和一贯的行为。广义地说,道德包含三方面的内容:道——(道德)规范;德——对规范有所得,表现为(道德)认识、情感、意志、信仰和习惯等;由“道”转化为“德”的途径与方法。

“伦”是指人、群体、社会、自然之间的利益关系,包括人与他人的关系、人与群体的关系、人与社会的关系、人与自然的关系、群体与群体的关系、群体与社会的关系、群体与自然的关系、社会与社会的关系、社会与自然的关系等。“理”即道德、规则和原则。“伦”与“理”合起来就是处理人、群体、社会、自然之间利益关系的行为规范体系。

本文中“伦理”是指处理各种关系的行为规范体系,“道德”是指具体个人和企业对行为规范体系的认识及其实现途径与方法。

2. 企业道德

企业道德从广义而言也包括两方面的含义:一是企业应该遵循的行为规范和准则;二是企业在经营活动中自己所形成的行为规范和价值标准。因为道德是一个由道德意识、道德关系和道德活动等三个基本要素构成的系统:其中道德意识是由道德规范意识(道德原则、道德规范、道德范畴等)和道德思想意识(道德观念、道德感情、道德信念、道德意志、道德理想、一定的道德理论体系等)两个因素构成的;道德活动包括道德行为选择、道德评价、道德教育和道德修养等因素。所以企业道德从整个体系而言,我们可以认为大致由道德理念、道德管理制度和道德行为构成。复旦大学的苏勇教授(2002)认为:企业道德包括企业道德意识、企业道德关系、企业道德行为,都和企业内部的规章制度呈现出一种互补关系,它以一系列道德标准来评价企业所有的行为和员工的行为,并从这种道德观念出发,来调控企业与社会、与其他企业、与本企业员工之间以及员工彼此之间的关系，同时对企业员工的道德意识和道德行为也发挥着巨大的影响。杨富贵教授(2002)认为:企业道德体系大致由四个方面构成:一是企业道德观，即企业的价值追求;二是企业道德规范体系，包括企业道德原则、企业道德规范、企业道德范畴等;三是企业道德机制体系;四是企业道德选择体系。

徐大建(2001)指出企业道德责任最终是为了解决在市场经济条件下，供商活动应当遵循什么样的伦理准则和道德规范，包括两个部分:一是企业作为一个独立的生产者或法人的道德责任，即企业整体的道德责任;二是为了履行企业整体的道德责任，企业内部各阶层人员所应承担的道德责任。

本文的企业道德是指企业在经营活动中所形成的行为规范和价值判断，包括企业整体的道德责任和企业内部各阶层人员所应承担的道德责任。

3. 组织伦理气氛

组织伦理气氛的概念是由维克托和卡伦于 1987 年首先提出的。维克托和卡伦(1987)把伦理气氛定义为组织内关于什么是道德行为和对道德问题如何处理的共同认识。本文采用此概念的解释。

4. 道德行为与不道德行为

伦理学有两种途径判断一种行为是否是道德行为，即目的论途径(teleological)和义务论途径(deontological)。所谓目的论途径就是，判定一种行为在道德上是否正确，主要看它所产生的结果是否好，从而决定它能否成为一种道德规范。在目的论者看来，不考虑后果的行为是无理性的表现，而且，行为的后果是大家看得见的，但行为的动机却只能推测。所以这种途径在道德评价的问题上强调行为的后果，比较务实。按照对行为后果的不同解释，目的论途径主要有两种:利己主义和功利主义。而所谓义务论途径是指判定一种行为在道德上是否正确，从而能否成为一种道德规范，并不是去看它的结果，而是看行为本身是否符合某些基于理性的规则，或者说是否遵循了某些义务。根据对义务的不同解释，较有影响的义务论主要有两种:基于权利的义务论和基于正义的义务论(徐大建，2001)。

因此，本文中企业的不道德行为是指企业在经营活动中损害了其他利益相关者的利益或违反了现行公认伦理规范的行为，反之就称为道德行为。另外，因为企业道德包括企业整体的道德责任和企业内部各阶层人员所应承担的道德责任，所以，企业的不道德行为也包括两个部分:企业作为整体的不道德行为和企业内部各阶层人员在工作过程中的不道德行为。

5. 伦理决策

伦理决策是指涉及道德内容的决策，即管理决策活动进行伦理方面的分析，判断决策是否符合道德规范和道德原则，在道德上是否具有合理性。

企业的各项决策不仅对企业自身的利益产生影响，同时也会对企业的利益相关者的利益产生影响。如果企业决策结果损害了其他利益相关者的利益，违背了伦理规范，则称此决策为不道德的决策，反之则称为道德的决策。

6. 伦理守则

伦理守则是企业制定的独立政策性文件，其中描述了企业对利益相关者的责任或者对员工行为的期望卡普顿和文普(Kaptein & Wempe,2002)；明确了企业追求的道德目标，所持的道德价值观和规则以及能够负责的内容；其目的是减少各种不道德行为事故的发生，提高利益相关者的期望程度，增强利益相关者的信任，使权威机构放松管制和控制。伦理守则的内容涵盖以下一些方面：员工关系（包括平等就业发展机会和合理报酬、安全健康的工作环境等问题）、社区和环境关系（包括遵循各种法律法规、保护环境等问题）、顾客关系（包括推销和销售的方法和产品的品质和安全等问题）、股东关系（包括经营活动向股东如实汇报等问题）、供应商和经销商关系（包括平等交易及保守商业秘密等问题）、竞争对手关系（包括公平竞争问题等）、员工行为规定（包括保守企业机密、不得盗用企业财产等问题）等等。

第三章 基于伦理判断理论的企业伦理气氛维度的理论分析

一、伦理判断理论

在对行为进行道德判断时，主要存在目的论伦理理论的功利主义原则、义务论伦理理论的公正论和权利论、关怀论、美德论。

1. **功利主义目的论**

目的论的伦理理论认为，判断一种行为在道德上是否正确，主要看它所产生的结果是否好，从而决定它能否成为一种道德规范。在目的论者看来，不考虑后果的行为是无理性的表现，而且，行为的后果是大家都看得见的，但行为却只能推测。所以这种途径在道德评价的问题上强调行为的后果。现代理论形式的功利主义发源于 17 世纪的英国，也形成于 19 世纪的英国，主要代表人物有边沁和穆勒。功利主义行为评价原则是：一种行为在道德上是正确的或正当的，当且仅当行为所产生的总效用大于行为主体在当时条件下可能采取的任何其他行为所产生的总效用，或者说当且仅当它产生或会产生出全体利益相关者的最大多数人的最大幸福。利用功利主义这个原则评价一种行为是否道德的程序是：首先要针对某个具体问题作出一种以上的选择；其次要分别预测这几种选择的各自后果；最后比较这几种不同的后果，结果有利于最大多数人的行为就是道德的行为，而其他相对不利于最大多数人的行为就是不道德的行为。功利主义的主要优点是，它的观点符合一般具有健全理智的人的思路。一方面，它强调了个人幸福在伦理道德中的首要地位以及包含于其中的各种基本自由，强调了效用和效率；另一方面，它也强调了人的精神追求在幸福中的地位而避免了快乐主义的庸俗，强调了已包含有某种平等原则和利他主义的最大多数人的最大幸福原则而避免了利己主义。功利主义的缺陷之一是未能正确地说明道德上的公平，这取决于如何理解或计算"最大多数人的最大幸福"。如果在计算时只考虑人的数额和利益的数额的最大值，而不管如何在这些人中间分配这些利益，那么理解的"最大多数人的最大幸福"就可能允许一种经济利益分配上的严重差别而造成贫富悬殊。但如果在计算时考虑到同等份额的利益具有不同的边际效用，于是在同等数量的人和利益之间进行分配，只有比较平均的分配才能得到总量最大的效用，那么这样理解的"最大多数人的最大幸福"则可能允许吃大锅饭式的平均主义，或者允许以社会整体或多数人利益的名义去侵犯少数人的正当权利，导致不公平地牺牲少数人的利益。功利主义的缺陷之二是行为的后果难以衡量，这是因为：第一，行为给不同的人带来的效用难以衡量和比较；第二，有些利益和成本难以计量；第三，许多利益和成本无法可靠地预测，因而也就不能确切地计量；第四，有些东西非金钱可以衡量，如生命的价值、健康的价值、美丽的价值、公平的价值、时间的价值、人的尊严的价值等。

2. 基于权利的义务论

义务论的伦理理论认为，判断一种行为在道德上是否正确，并不是看它的结果，而是看行为本身是否符合某些基于理性的规则，或者说是否遵循了某些义务。权利论的行为评价原则是，一种行为在道德上是否是正确的或正当的，当且仅当它出于对个人正当权利的尊重或者说是出于义务。所谓正当权利，是指经过哲学论证或人们公认的一些道德权利，例如生命、财产、平等、自由等人权。所谓对个人正当权利的尊重是指，每个人都有义务维护自己的不可侵犯的正当权利并且不侵犯他人的正当权利。根据这个原则，评价一种行为是否道德只要看一看，这种行为是否出于自己的正当权利，是否侵犯了他人的正当权利。一般认为，基于权利的义务论最初是由德国的哲学家伊曼纽尔·康德(Immanuel Kant)提出的，他认为只有当行为出自义务时才有价值，出于感情、爱好或私利的行为没有道德价值。行为只应该听从理性的命令，而理性的命令只不过是说应当遵循的行为准则能够不自相矛盾地同时成为所有人的行为准则。康德的理论是建立在他称之为绝对命令的道德原则基础之上的。绝对命令有三条：第一条，要只按照你和任何人同时认为能成为普遍规律的准则去行动；第二条，你的行动在任何时候都要把任何人同样看做是目的而不能只看做是手段；第三条，每个有理性东西的意志的观念都是普遍立法意志的观念。从这些绝对命令可以推出，任何个人都应当被当做自由的人加以平等地对待，亦即每个人都有自由和平等的人权而道德的行为不侵犯这些人权。康德的权利论明显的一个缺陷是，当两种都符合康德的道德规范标准的责任在现实中发生冲突时，康德的绝对命令就很难找到合乎道德的解决办法，变得无能为力了。

3. 基于公正的义务论

基于公正的义务论的评价原则是，一种行为在道德上是正确的或正当的，当且仅当它符合正义或公平的原则。所谓公正包括分配公正、惩罚公正、补偿公正。分配公正的基本原则就是，相同的人应该受到相同的对待，不同的人应该受到不同的对待。惩罚公正的基本原则是，受惩罚的人应该是确实做错事情的人。仅凭不可靠、不完整的依据就处罚一个人，是不公正的；惩罚必须是一贯的，与所做错的事情是相称的。补偿公正是指公正地补偿因他人的错误而遭受损失的人。用正义或公平对道德规范做出说明的最著名的论述之一是现代哲学家约翰·罗尔斯(John Rawls)的正义论。在罗尔斯看来，作为制度的行为规范的道德基础是正义或公平，而正义或公平的主要内容在于分配，公平或正义的分配应当是平等或平均的分配，罗尔斯还提出两条基本的公平分配原则：第一个原则是，每个人对与他人所拥有的最广泛的基本自由体系相容的类似自由体系都应有一种平等的权利；第二个原则是，社会的和经济的不平等应这样安排：使它们被合理地期望适合于每一个人的利益；并且依系于地位和职务向所有人开放。罗尔斯公正论的主要优点是，它符合现代人的平等观念和社会主义共同富裕的理念；主要问题则是，它的论证存在着理论和实证上的基本缺陷。

4. 关怀论

关怀论认为我们每个人都生活在关系之中，所以应该培育和维护我们与特定个人建立起来的具体的、可贵的关系。并且我们每个人都应该对那些与我们有实实在在的关系的人，尤其是那些易受损害的、仰仗我们关怀的人，给予特殊的关怀，关心他们的需要、价值观、欲望和福利，对他们的需要、价值观、欲望和福利作出积极的反应。关怀论的基础是，人对自我的认识是建立在自我与他人的关系基础之上的，离开了与其他人的关系，个人就不能存在了，所以，只要自我是有价值的，那么使得自我得以存在所必须的关系也一定是有价值的，也应该得到培育和维护。

5. 美德论

美德论判断行为是否道德的原则是，如果实施某项行为能使行为主体实践、展示和培育高尚的品德，那么，该行为便是道德的；如果通过实施某项行为，行为主体实践、展示和发展了邪恶，那么，该行为是不道德的。

由于各种有关行为道德判断的理论都有优点和不足，所以在对行为进行实际道德判断时,采用的是几种伦理学说的整合,应该遵循以下一些原则:第一,该行为是否尽可能地使社会利益最大化,使社会损失最小化了?第二,该行为是否与受影响的个人的道德权利一致?第三,该行为是否会导致利益和负担的公正分配?第四,该行为是否体现了对那些与我们有密切关系并仰仗我们的人的关怀?第五,该行为是否实践、展示和培育了某种高尚品德?

二、企业伦理气氛维度的理论构建

企业伦理气氛是指组织内关于什么是道德行为和对道德问题如何处理的共同认识(维克托和卡伦,1987)。由于企业的发展阶段和实际情况不同,企业追求的道德层次和实际的道德水平也不同,因此每个企业根据不同的道德标准来判断道德行为,并以此为行为的标准,从而形成不同的伦理气氛。本文从伦理学伦理判断理论出发,根据三种伦理判断标准:目的论的利己主义标准、义务论的法律制度标准与道德规范和原则标准,把企业伦理气氛划分为三种,即:利己主义的企业伦理气氛、遵循法律制度的企业伦理气氛和遵循道德规范的企业伦理气氛。其理论构建可见表 3-1。

表 3-1 企业伦理气氛维度的理论构建

伦理判断标准	伦理判断理论	企业伦理气氛维度
利己主义标准	功利主义目的论	利己主义的企业伦理气氛
法律制度标准	义务论	遵循法律制度的企业伦理气氛
道德规范和原则标准	义务论	遵循道德规范的企业伦理气氛

1. 利己主义的企业伦理气氛

利己主义的企业伦理气氛是根据利己主义标准来判断道德行为的,这种伦理判断标准来源于功利主义目的论的伦理判断理论,即判断一种行为是否是道德的,主要根据这种行为结果是否给自己带来最大利益,而不管这种行为是否侵害了其他利益相关者的利益,或者是违反了相关的法律制度。

具有利己主义伦理气氛的企业在经营过程中,是否讲道德、是否守法取决于是否有利于获得企业利益,如果讲道德有利于获得利益,就讲道德,否则,就不讲;如果遵循法律有利于获得利益,就遵循法律,否则就不遵循。企业把自身利益最大化作为衡量企业经营行为是否正当的标准,以追求利益最大化为根本目的。企业承担的社会责任主要是经济责任，而难以兼顾履行企业应该承担的法律责任和道德责任。

具有利己主义伦理气氛的企业考核其员工行为的有效性，主要以利益最大化为标准，所以这种企业的管理者和其他员工在日常工作过程中，也往往以最大化利益标准要求自己。管理者在进行决策活动时，势必追求企业的最大利益，而不会进行法律或者伦理方面的思考，即使进行了法律或伦理方面的考虑也是因为遵循法律或道德规范比不遵循它们更能为企业带来利益。企业一般员工在工作过程中，往往会以“最大化个人利益”为准绳，甚至会损害企业的利益。

2. 遵循法律制度的企业伦理气氛

遵循法律制度的企业伦理气氛是根据法律制度标准来判断道德行为的，这种伦理判断标准来源于义务论的伦理判断理论，即判断一种行为在道德上是否正确，并不是看它的结果，而是看行为本身是否符合某些基于理性的规则，或者说是否遵循了某些义务。以法律制度来判断道德行为即如果行为遵循了法律制度就是道德行为，如果行为违反了法律制度就是不道德行为。

具有遵循法律制度伦理气氛的企业奉行“只要合法就是讲究道德”的格言，主要借助法律来制定行为标准，特别强调避免非法行为；它把服从法律视为首要责任，即使违反法律制度能为企业带来利益也被视为不道德的行为，不能去做，只要不违反法律制度，不管做什么和怎么做都是允许的。此种企业的目的是在遵循法律制度的条件下实现利益的最大化，企业除了承担经济责任外，还必须履行法律责任，但没有规定一定要履行道德责任。法律规定需要履行的道德责任，企业就履行，但除了法律制度以外的一些道德责任也就可以不履行。

具有遵循法律制度伦理气氛的企业要求其员工行为必须符合法律制度的规定，所以企业员工的违法行为是很少见的，不管是管理者在做决策还是一般员工在日常工作中都是以遵循法律制度为前提的。因为遵循法律是道德规范的最低底线，很多道德规范并没有成为法律制度，所以具有遵循法律制度伦理气氛的企业并不会出现更高层次的道德行为。

3. 遵循道德规范的企业伦理气氛

遵循道德规范的企业伦理气氛是根据道德规范和规则的标准来判断道德行为的，这种伦理判断标准也是来源于义务论的伦理判断理论，即如果某种行为遵循了某一道德规范和规则，这种行为就称为道德的行为；如果某种行为违反了道德规范和规则，则称为不道德的行为。这里的道德规范和规则是指经过伦理学长期的理论论证并得到广大社会普遍认可的道德规范和规则,并且提倡个人或企业努力去追求和实现的一些具有普遍性的道德规范和原则,例如公平、公正、尊重人权、平等、正直以及具有人文关怀等等。

具有遵循道德规范伦理气氛的企业是在合乎伦理的条件下追求自己的利益最大化,首先是是否遵循了道德规范和原则,其次才是实现企业利益的最大化。即使违反了道德规范和原则但并不违法且会给企业带来最大利益,企业也不为之,因此企业承担了全部的社会责任,包括经济责任、法律责任和道德责任。企业的经营活动以是否遵循了道德规范和原则为判断标准,因此企业的经营行为通常进行了道德方面的判断和思考,只有符合道德规范和原则的行为才能进行,否则就不进行这项活动。当然,具有遵循道德规范和规则伦理气氛的企业遵循相关的法律制度,因为遵循法律制度是遵循道德规范和规则的最低底线,但除此之外,企业还追求实现比法律制度更高层次的道德规范和原则。

具有遵循道德规范伦理气氛的企业要求其员工行为必须符合道德规范和原则的要求。通常这种企业在其内部建立有效的道德行为导向、激励、监督制衡机制,措施包括:制订伦理守则、招聘道德素质较高的员工、在大型组织中设立由高层管理者参加的伦理委员会、进行伦理培训、实行伦理决策(即把伦理分析引入方案评价之中)、领导者以身作则、赏罚分明(奖赏模范遵循企业道德者,惩罚违背企业道德者)等等。所以具有遵循道德规范和规则伦理气氛的企业员工比其他伦理气氛的企业员工的道德行为要多,员工的违法行为就更少,难以见到。

三、企业伦理气氛的维度与道德行为关系的理论分析①

依据科尔伯格(1970)的个人道德发展阶段理论,如果个人的行为标准依次根据利己主义标准、法律制度标准与道德规范和原则标准,说明个人的道德发展阶段越来越高,当个人处于道德发展高阶段时比处于道德发展低阶段更容易做出符合道德规范的行为,即更多地从事道德行为,避免不道德行为的发生。科尔伯格的个人道德发展阶段理论如图 3-1。

① 此部分相关内容已于《华东经济管理》(2006 年第 7 期)正式发表。

前常规的（以个人为中心的）水平

阶段1—道德的标准是有形的后果，正确的行为是为了避免惩罚

阶段2—道德的标准是个人需要的满足，正确的行为是为了满足自己的需要

常规的（以团体为中心的）水平

阶段3—道德的标准是得到他人的赞许，正确的行为是为了他人把自己视为好人

阶段4—道德的标准是合法，正确的行为是为了遵循法律与权威

后常规的（讲原则的）水平

阶段5—道德的标准是尊重个人的权利和社会的一致，正确的行为是为了遵循社会契约

阶段6—道德的标准是普遍的原则，正确的行为是由于认识到了正义和公平的原则以及普遍的人权

图 3-1　科尔伯格 个人道德发展阶段模型

来源：科尔伯格，1970，pp.178—196

企业作为一个集合体，其行为标准依次根据利己主义标准、法律制度标准与道德规范和原则标准，根据科尔伯格的个人道德发展阶段理论，说明企业追求的道德层次越来越高，因此，利己主义的企业伦理气氛、遵循法律制度的企业伦理气氛以及遵循道德规范的企业伦理气氛在道德层次上是依次递进的关系。它们之间的这种关系见图 3-2 所示。

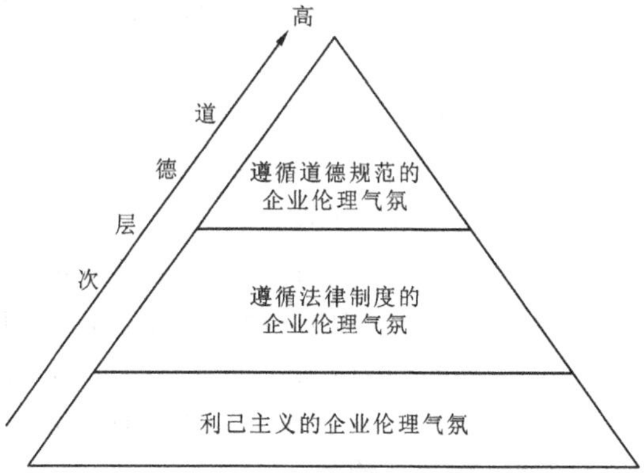

图 3-2　企业伦理气氛不同维度的道德层次关系

1. 利己主义的伦理气氛与不道德行为

具有利己主义伦理气氛的企业不一定从事不道德行为，除非他们认为这样做对企业是利大于弊的。同样，也不能说，他们从来不会去做合乎道德的事，如果他们认为做合乎道德的事对企业有利，他们也会积极地去做。但是，他们确实不会因为是合乎道德的才去做，而是因为那样做是有利可图

的。如果考虑到长远利益，只要可能，企业就会与相关各方保持良好的关系。一个精明的商人绝不会为了获得暂时的好处而与雇员、竞争者、顾客、政府、公众反目成仇。但这种决策，说到底是经营决策，是出于企业所有者利润最大化的考虑而不是伦理决策。

具有利己主义伦理气氛的企业出现不道德行为的可能性大小很大程度上取决于企业追求的利益是短期利益还是长远利益，越是追求长远利益，出现不道德行为的可能性越小；另外还取决于法制健全程度、舆论监督力度、行业惯例、企业规模、个人道德观念等因素。总体来说，由于讲道德有时确实意味着牺牲自身利益，尤其是短期利益，而企业又没有履行企业道德责任的意识，所以说，出现不道德行为的可能性相对较大。

2. 遵循法律制度的伦理气氛与不道德行为

具有遵循法律制度伦理气氛的企业出现不道德行为的可能性是存在的，原因在于以下方面。第一，法律所要规范的行为有限。法律是人们所必须共同遵循的最起码的行为规范，它只能对触犯了“最起码的行为规范”的行为予以追究，对一般不道德行为并不追究。在招聘、提升和报酬上不公正不安全或有损健康的工作条件，不完全真实的广告宣传，只要不造成严重危害，法律就不管。第二，立法滞后。表现在两个方面，一方面，法律反映的是昨天的道德准则，不一定符合今天和明天的社会期望；另一方面，法律的起草是数年磨一剑，而社会是在不断发展变化的，因此，难免会出现法律滞后于现实的情形。

但在多数情况下法律与伦理是统一的，所以具有遵循法律制度伦理气氛的企业从事不道德行为的可能性尽管存在，但相对比较小。

3. 遵循道德规范的伦理气氛与不道德行为

具有遵循道德规范伦理气氛的企业通过营造良好的道德环境，使企业成员认识到什么是企业和员工应该做的，什么是不应该做的，并以这种认识来指导自己的行为。企业或员工不做某件事，不仅仅因为害怕受到惩罚，而且还因为感到那样做是不道德的；企业或员工做某件事，不仅仅因为能得到奖赏，而且还因为感到那样做是道德的。

具有遵循道德规范伦理气氛的企业并不意味着不会出现任何不正当经营行为。对什么是合乎道德的行为的认识上的偏差(即自认为是道德的，但实际上是不道德的)、保证企业实行道德管理的措施不够健全或执行不够坚决、个别员工违背了企业有关规范制度、从事不道德经营行为等，都可能导致不道德经营行为的出现。但与另两种企业伦理气氛相比，具有这种伦理气氛的企业出现不道德经营行为的可能性应该是最小的。

综上所述,具有利己主义伦理气氛的企业只关心自身利益,没有切实履行企业社会责任,因为自20世纪80年代以来,国际学术界已广泛认可企业社会责任包含经济责任、法律责任和道德责任的观点。因此,从企业社会责任角度考虑,仅仅履行经济责任是存在明显缺陷的,也难免会有不道德行为,而且最后对企业自身利益尤其是长远利益反而有不利影响。

具有遵循法律制度伦理气氛的企业在履行企业社会责任方面达到了最基本的要求,能坚持不懈地自觉地遵循法律已属不易,在法制还需健全、社会风气尚待进一步改善的情况下,更是难能可贵。但也应该承认,由于法律的局限性,仅仅遵循字面上的法律有时也会出现不道德的行为,而且满足于守法就行,将失去获得基于卓越道德的竞争优势的可能。

具有遵循道德规范伦理气氛的企业很好地履行了企业社会责任,把出现不道德行为的可能性降到了最低。由于企业行为遵循了普遍性的道德规范和原则,从而也考虑到了企业利益相关者的利益,因而企业能够获得投资者、客户、供应商和社会等利益相关者的支持和合作,对企业的长远发展和长远利益具有不可估量的积极影响。

第四章 实证研究总体设计与研究方法

一、研究总体设计

本研究为实证研究，对研究对象的信息收集主要采取问卷调查的方法进行。本研究的对象为企业及企业各层次员工，主要是调查企业伦理气氛状况以及企业及其员工的不道德行为。关于企业伦理气氛状况的调查问卷是对国外学者维克托和卡伦(1987)开发的伦理气氛测量问卷表修订而成的；关于不道德行为的调查问卷是对霍林格和克拉克(Hollinger & Clark, 1982)、芬贝尔和伯斯坦(Fimbel & Burstein, 1990)、罗宾森和班尼特(Robinson & Bennett, 1995)开发的不道德行为的测量问卷修订而成；关于企业伦理气氛形成的影响因素的调查问卷表是在采用深度访谈和文献检索相结合的方法上自行设计的。各分量表严格按照心理学量表建构的程序，运用SPSS12.0，LISREL8.7统计软件进行了信度与效度的统计检验，在预测量表检验合格的基础上进行正式调查。

本研究主要采用结构方程模型、因素分析、相关分析、多元回归分析和方差分析相结合的统计方法，运用调查数据对假设模型进行检验和模型比较及修正。本文的各假设是在综合大量研究文献和严格理论推理的基础上提出的，所构造的模型具有较深厚的理论基础。在调查样本方面，本研究共采集有效样本319个，大大超过结构方程所要求的150个样本容量标准。在样本代表性方面，本研究数据采集所使用的量表，大部分是国外使用的经典量表，并且在大量文献查阅、专家和员工访谈的基础上，经过多次严格的预测程序修订而成的，具有极高的内容效度，问卷发放采用随机抽样的原理，在不同行业的多家企业进行，具有较高的代表性。

本文的总体研究设计如图 4-1。

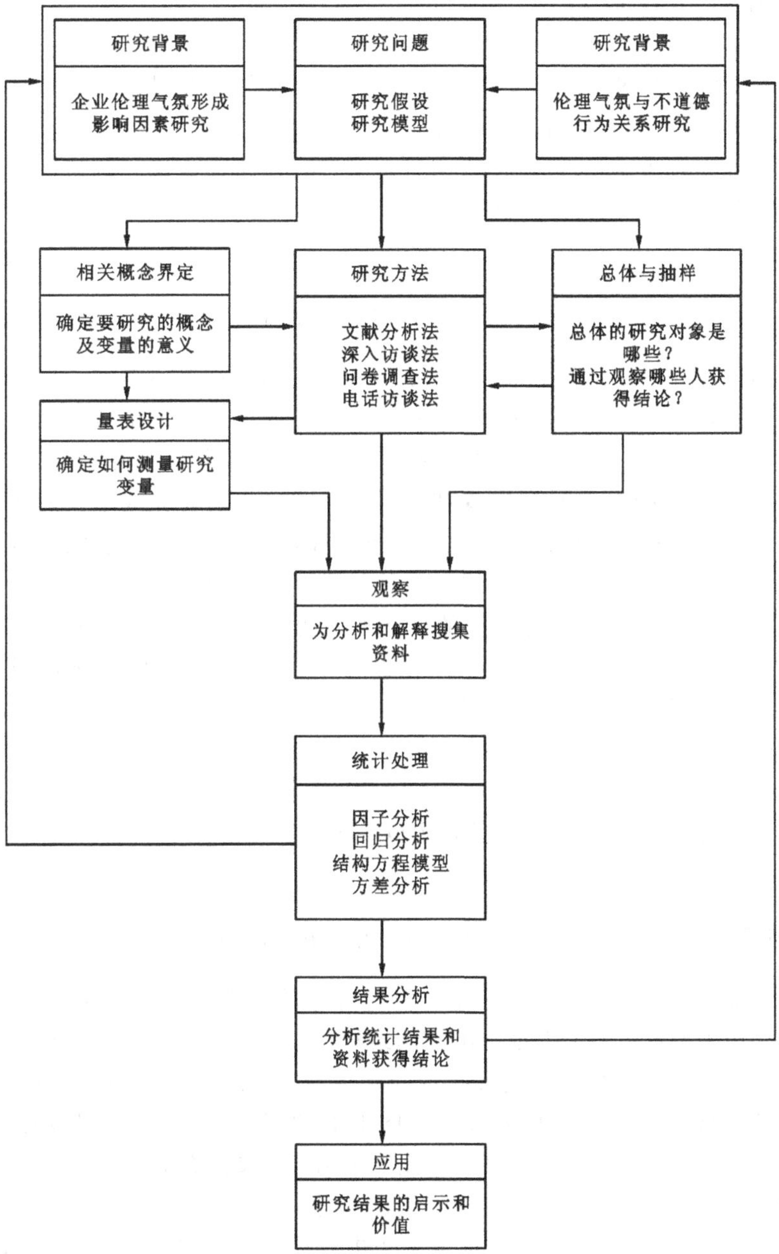

图 4-1　本文的总体研究设计

二、调查问卷设计

本次的调查问卷是在大量的文献总结、专家访谈及对企业深度访谈的基础上形成的。有的是直接借用国外学者的度量方法,有的是在国外学者的度量方法的基础上,根据预测调研结果进行修正而成的。调研问卷的主体内容共分为三个部分(调查问卷详见附录1)。

(一)问卷第一部分:对不道德行为的调查

不道德行为分为两个维度:企业不道德行为和员工不道德行为。根据利益相关者理论和道德行为判断理论,对主要的企业不道德行为及员工不道德行为进行了广泛调查。此部分的问卷参考了霍林格和克拉克(1982)、芬贝尔和伯斯坦(1990)、罗宾森和班尼特(1995)先前研究成果中对不道德行为的描述和测量及在中国文化背景下所作的预测修订而成,共有8道题项,其中有5道题项测量企业的不道德行为,包括贿赂问题、不公平竞争问题、欺诈问题和歧视问题等典型的企业不道德行为,3道题项测量员工的不道德行为,包括员工私用企业的资源等不道德行为。本部分采用 LikertScale 七点量表法进行评价,其中"1表示从来没有,2表示几乎没有,3表示有时,4表示一半时间是,5表示经常,6表示几乎总是,7表示总是"。高分代表企业发生的不道德行为多,低分代表企业发生的不道德行为较少。为方便起见,在后续表中不道德行为以 BDDXW 表示。

(二)问卷第二部分:企业伦理气氛状况的调查

本部分采用了维克托和卡伦(1987)开发的伦理气氛测量问卷表,此问卷表是用来测量从理论上推导出来的组织伦理气氛。本文作者在中国文化背景下预测了此组织伦理气氛测量问卷表,在预测过程中,通过项目分析、因素分析及效度分析,对此表进行了修订,最终形成了包含12道题项的企业伦理气氛测量问卷表。其中3道题项测量利己主义的企业伦理气氛;4道题项测量遵循法律制度的企业伦理气氛;5道题项测量遵循道德规范的企业伦理气氛。采用 Likert Scale 五点量表法进行评价,其中"1表示不同意,2表示有点不同意,3表示不能确定,4表示有点同意,5表示同意"。得分高的企业伦理气氛表示此种伦理气氛在企业中占主导地位,得分低的企业伦理气氛表示此种伦理气氛在企业中不占主导地位，比较弱。为方便起见，在后续表中伦理气氛用 LLQF 表示；利己主义的伦理气氛用 LJZY 表示；遵循法律制度的伦理气氛用 ZSFL 表示；遵循道德规范的伦理气氛用 ZSDD 表示。

（三）问卷第三部分：影响企业伦理气氛的组织因素调查

本部分从道德决策理论的角度对影响企业伦理气氛的各个因素进行调查，根据法雷尔和格雷欣（1985）、亨特和维特尔（1991）、特雷维诺（1986）和琼斯（1991）道德决策模型中阐述的影响企业伦理气氛形成的各个因素修订而成。此部分问卷共包括 23 道题项，其中 5 道题项测量领导对企业伦理气氛形成的影响；4 道题项测量伦理守则对企业伦理气氛形成的影响；4 道题项测量奖惩制度对企业伦理气氛形成的影响；3 道题项测量伦理机构对企业伦理气氛形成的影响；4 道题项测量决策过程中伦理方面的考虑对企业伦理气氛形成的影响；3 道题项测量伦理培训对企业伦理气氛形成的影响。采用 Likert Scale 五点量表法进行评价，其中“1 表示从未如此，2 表示很少如此，3 表示有时如此，4 表示时常如此，5 表示总是如此”。高分表示此项因素对企业伦理气氛的影响较强，低分表示此项因素对企业伦理气氛的影响较弱。为方便起见，在后续表中 LLLD 表示领导、LLSZ 表示伦理守则、JCZD 表示奖惩制度、LLPX 表示伦理培训、LLJG 表示伦理机构、LLJC 表示伦理决策。

三、研究抽样与数据收集

本研究主题为企业伦理气氛形成机制及其对不道德行为的影响，研究对象采用随机抽样的原理，选择上海、北京、广州和深圳等地区企业的员工及上海交大管理学院的 MBA 学员，发放问卷共 600 份，回收问卷 378 份，有效问卷 319 份，回收率为 63%，有效率为 84.4%。判定无效问卷的标准主要根据：(1)项目填写有太多的缺失；(2)项目填写有严重的极端性反应；(3)项目填写有明显的矛盾性反应，如反向计分项目中反映出相似内容的相反回答。样本调查的企业涉及制造型企业、金融保险业、房地产业等各个行业。有关样本的分布情况见表 4-1。

表 4-1 样本的分布情况(n=319)

项 目		人 数	构成比(%)
性别	男	225	71
	女	94	29
学历	大专及以下	30	9
	本科	213	67
	硕士及以上	76	24
职位级别及等级	高层管理员	186	6
	中层管理员	115	36
	基层管理员	94	29
	一般职员	92	29
企业的行业地位	行业领先者	159	50
	行业的中游者	113	35
	行业的追随者	47	15
企业的发展阶段	初创期	27	8
	发展期	148	46
	成熟期	124	40
	衰退期	20	6
企业是否上市	上市公司	104	33
	非上市公司	215	67
企业行业	制造型企业	117	37
	研究型企业	20	6
	金融保险业	34	11
	房地产业	10	3
	咨询设计型企业	30	9
	商业	47	15
	其他行业	61	19

续表 4-1

项　目		人　数	构成比(%)
企业所有制结构	国有企业	92	29
	民营企业	66	21
	外资企业	104	33
	合资企业	41	13
	其他	15	4
企业规模	50 人以下	53	17
	50—100 人	39	12
	100—200 人	33	10
	200—500 人	44	14
	500 人以上	150	47

四、测量工具的评价

(一)信度分析

信度(reliability)又称可靠性,是关于一种现象的衡量提供的稳定性和一致性结果的程度。信度有两个维度:可重复性(repeatability)和内在一致性(internal consistency)。其中,内在一致性维度是用来衡量构造变量项下的每一个测度条款与衡量该构造变量的其他条款之间相关能力的一种重要的验证性的测度。在单一维度内,考察各测量条款之间内在一致性的被普遍使用的指标是 Cronbach α 系数。当某个构造变量项下的度量条款的内在一致性系数 Cronbach α 大于 0.70,表示其内在一致性具有良好的效果。这一标准被学者们普遍认可。

对构造变量度量内在一致性的判断,不仅可以判断原构造是否合格,而且还可以根据"个项—总量修正系数(Corrected item—total correlation)"对测量条款进行净化,如果某个观测变量的"个项—总量修正系数"小于 0.50,除非有特别的理由,一般都应该把这个条款删除。删除后,整个构造变量的 Cronbach α 系数将得到提升。

本文对构造变量信度的分析是通过 SPSS12.0 统计软件工具来实现的，下面是对本文测量变量的内在一致性的分析过程和结果。

1. 不道德行为

表 4-2 不道德行为(BDDXW)信度分析结果

	个项—总量修正系数	删除此项的 a 系数
BDDXW1	.673	.826
BDDXW2	.633	.831
BDDXW3	.538	.842
BDDXW4	.580	.838
BDDXW5	.659	.828
BDDXW6	.557	.841
BDDXW7	.704	.823
BDDXW8	.407	.855
Cronbach's Alpha a 系数		.853
标准化项目的 a 系数		.852

从表 4-2 中可以看出，衡量不道德行为的 8 个题项的内部一致性系数为 0.853，标准化题项后的内部一致性系数为 0.852，远大于 0.7 的可接受标准，各个观测变量的“个项—总量修正系数”除了第 8 个观测变量的系数为 0.407，稍微低点，其他观测变量的系数值均大于 0.50。因此，对于不道德行为这一构造变量的衡量还是具有较高的可靠性。

2. 遵循道德规范的伦理气氛

表 4-3 遵循道德规范伦理气氛(ZSDD)的信度分析结果

	个项—总量修正系数	删除此项的 a 系数
ZSDD1	.676	.825
ZSDD2	.633	.836
ZSDD3	.725	.812
ZSDD4	.634	.836
ZSDD5	.689	.822
Cronbach's Alpha a 系数		.856
标准化项目的 a 系数		.857

从表 4-3 中可以看出，衡量遵循道德规范伦理气氛的 5 个题项的内部一致性系数为 0.856，标准化题项后的内部一致性系数为 0.857，远大于 0.7 的可接受标准，各个观测变量的“个项—总量修正系数”均大于 0.50。因此，对于遵循道德规范的伦理气氛这一构造变量的衡量具有较高的可靠性。

3. 遵循法律制度的伦理气氛

表 4-4　遵循法律制度伦理气氛(ZSFL)的信度分析结果

	个项—总量修正系数	删除此项的 a 系数
ZSFL1	.612	.765
ZSFL2	.646	.750
ZSFL3	.664	.739
ZSFL4	.588	.782
Cronbach's Alpha a 系数		.808
标准化项目的 a 系数		.811

从表 4-4 中可以看出，衡量遵循法律制度伦理气氛的 4 个题项的内部一致性系数为 0.808，标准化题项后的内部一致性系数为 0.811，远大于 0.7 的可接受标准，各个观测变量的“个项—总量修正系数”均大于 0.50。因此，对于遵循法律制度的伦理气氛这一构造变量的衡量具有较高的可靠性。

4. 利己主义的伦理气氛

表 4-5　利己主义伦理气氛(LJZY)的信度分析结果

	个项—总量修正系数	删除此项的 a 系数
LJZY1	.702	.653
LJZY2	.649	.713
LJZY3	.571	.794
Cronbach's Alpha a 系数		.796
标准化项目的 a 系数		.797

从表 4-5 中可以看出，衡量利己主义伦理气氛的 3 个题项的内部一致性系数为 0.796，标准化题项后的内部一致性系数为 0.797，远大于 0.7 的可接受标准，各个观测变量的“个项—总量修正系数”均大于 0.50。因此，对于利己主义的伦理气氛这一构造变量的衡量具有较高的可靠性。

5. 领导

表 4-6 领导(LLLD)的信度分析结果

	个项—总量修正系数	删除此项的 a 系数
LLLD1	.883	.939
LLLD2	.881	.938
LLLD3	.848	.944
LLLD4	.859	.942
LLLD5	.874	.940
Cronbach's Alpha a 系数		.952
标准化项目的 a 系数		.953

从表 4-6 中可以看出，领导的 5 个题项的内部一致性系数为 0.952，标准化题项后的内部一致性系数为 0.953，远大于 0.7 的可接受标准，各个观测变量的"个项—总量修正系数"均大于 0.50。因此，对于领导这一构造变量的衡量具有较高的可靠性。

6. 伦理守则

表 4-7 伦理守则(LLSZ)的信度分析结果

	个项—总量修正系数	删除此项的 a 系数
LLSZ1	.912	.947
LLSZ2	.918	.945
LLSZ3	.912	.948
LLSZ4	.883	.956
Cronbach's Alpha a 系数		.961
标准化项目的 a 系数		.962

从表 4-7 中可以看出，伦理守则的 4 个题项的内部一致性系数为 0.961，标准化题项后的内部一致性系数为 0.962，远大于 0.7 的可接受标准，各个观测变量的"个项—总量修正系数"均大于 0.50。因此，对于伦理守则这一构造变量的衡量具有很高的可靠性。

7. 奖惩制度

表 4-8　奖惩制度(JCZD)的信度分析结果

	个项—总量修正系数	删除此项的 a 系数
JCZD1	.914	.965
JCZD2	.949	.955
JCZD3	.914	.965
JCZD4	.931	.960
Cronbach's Alpha a 系数		.971
标准化项目的 a 系数		.972

从表 4-8 中可以看出,奖惩制度的 4 个题项的内部一致性系数为 0.971,标准化题项后的内部一致性系数为 0.972,远大于 0.7 的可接受标准,各个观测变量的"个项—总量修正系数"均大于 0.50。因此,对于奖惩制度这一构造变量的衡量具有很高的可靠性。

8. 伦理培训

表 4-9　伦理培训(LLPX)的信度分析结果

	个项—总量修正系数	删除此项的 a 系数
LLPX1	.875	.813
LLPX2	.774	.896
LLPX3	.797	.883
Cronbach's Alpha a 系数		.905
标准化项目的 a 系数		.908

从表 4-9 中可以看出,伦理培训的 3 个题项的内部一致性系数为 0.905,标准化题项后的内部一致性系数为 0.908,远大于 0.7 的可接受标准,各个观测变量的"个项—总量修正系数"均大于 0.50。因此,对于伦理培训这一构造变量的衡量具有很高的可靠性。

9. 伦理机构

表 4-10　伦理机构(LLJG)的信度分析结果

	个项—总量修正系数	删除此项的 a 系数
LLJG1	.856	.920
LLJG2	.913	.875

续表 4-10

	个项—总量修正系数	删除此项的 a 系数
LLJG3	.846	.931
Cronbach's Alpha a 系数		.937
标准化项目的 a 系数		.938

从表 4-10 中可以看出，伦理机构的 3 个题项的内部一致性系数为 0.937，标准化题项后的内部一致性系数为 0.938，远大于 0.7 的可接受标准，各个观测变量的“个项—总量修正系数”均大于 0.50。因此，对于伦理机构这一构造变量的衡量具有很高的可靠性。

10. 伦理决策

表 4-11　伦理决策(LLJC)的信度分析结果

	个项—总量修正系数	删除此项的 a 系数
LLJC1	.937	.967
LLJC2	.936	.967
LLJC3	.937	.967
LLJC4	.936	.967
Cronbach's Alpha a 系数		.975
标准化项目的 a 系数		.978

从表 4-11 中可以看出，伦理决策的 4 个题项的内部一致性系数为 0.975，标准化题项后的内部一致性系数为 0.978，远大于 0.7 的可接受标准，各个观测变量的“个项—总量修正系数”均大于 0.50。因此，对于伦理决策这一构造变量的衡量具有很高的可靠性。

(二)效度分析

效度是指实证测量在多大程度上反映概念的真实含义，用来衡量指标与它所测量的构造变量的关系。效度有很多种，包括内容效度、结构效度和标准效度等，其中最常用的是内容效度和结构效度。

所谓内容效度是指衡量指标能确实测量出研究者所欲测量事物的程度，它主要体现在该领域的专家之间对某一度量能够测量所衡量事物的认可程度。本研究问卷中的构造变量的度量，一方面借鉴了国外学者在该领域的实证研究成果，包括其有关量表及理论；另一方面也同时经过了与国内有关学者和实践人员的深度访谈。在此两方面的基础上，形成了本研究的相关测量量表。因此，可以说本研究的量表具有相当高的内容效度。

结构效度是指量表测量由理论所产生的变量之间关系的系列假设的能力。结构效度主要通过收敛效度和区别效度来显示。所谓收敛效度是指所有的度量调控与其所度量的构造变量之间是紧密相关的。而所谓区别效度是指用来度量某个构造变量的度量条款与其他构造变量是不相关的。本研究主要通过验证性因素分析来判断量表的结构效度，通过 LISREL8.7 结构方程软件工具来实现，各项拟合指数在表 4-12 中列出。从表中可以看出，各因素的各项指标：卡方与自由度之比小于 4，拟合优度的卡方检验值 P 大于 0.01 的最小临界点，拟合优度指数 CFI、调整后的拟合优度指数 AGFI 和比较拟合参数 CFI 大于 0.80。近似误差均方根 RMSEA 小于 0.08，所有指标均表示各因素的指标与其模型拟合较好，结果证实各因素结构具有较高的结构效度。

表 4-12 各分量表的验证性因素分析结果

量表名	Chi^2	df	Chi^2/df	RMSEA	P	NFI	NNFI	CFI	GFI	AGFI
不道德行为	51.88	19	2.73	0.074	0.00	0.95	0.95	0.97	0.96	0.93
伦理气氛	155.44	51	3.04	0.07	0.00	0.85	0.86	0.81	0.85	0.87
伦理领导	19.83	5	3.97	0.04	0.00	0.95	0.90	0.95	0.88	0.85
伦理守则	7.52	2	3.76	0.06	0.001	0.99	0.98	0.99	0.98	0.89
奖惩制度	6.61	2	3.31	0.067	0.00	0.98	0.96	0.99	0.96	0.81
伦理培训	3.01	1	3.01	0.02	0.00	0.99	0.99	0.99	0.97	0.96
伦理机构	2.12	1	2.12	0.01	0.00	0.99	0.99	0.99	0.98	0.97
伦理决策	6.11	2	3.1	0.071	0.00	0.94	0.94	0.96	0.95	0.93

注：Chi^2 表示卡方值，df 表示自由度，RMSEA 表示近似误差均方根，P 表示拟合优度的卡方检验值，NFI 表示赋范拟合指数，NNFI 表示非范拟合指数，CFI 表示比较拟合参数，GFI 表示拟合优度指数，AGFI 表示调整后的拟合优度指数。

第五章　研究模型构建与假设陈述

前述章节对企业伦理气氛形成的影响因素及其与不道德行为的关系等相关内容进行了文献回顾，并运用伦理判断理论对企业伦理气氛的维度进行了理论构建，根据个人道德发展阶段理论对企业伦理气氛与不道德行为之间的关系进行了理论分析。本章将就此提出相关研究假设，并围绕影响企业伦理气氛形成的各因素构建相关的研究模型。

国外许多学者的理论研究和实证研究表明，影响企业伦理气氛形成的因素包括行业因素、社会因素和组织因素。其中组织因素是影响企业伦理气氛形成的至关重要的因素，包括领导、伦理守则、奖惩制度、伦理培训、伦理机构和伦理决策等等因素。本文基于利己主义标准、法律制度标准和道德规范与原则标准提出构建伦理气氛的三个维度：利己主义的企业伦理气氛、遵循法律制度的企业伦理气氛和遵循道德规范的企业伦理气氛，并提出这三种企业伦理气氛在道德层次方面的关系是逐渐递进的。因此根据前人的研究成果和本文前章的理论构建及分析，提出影响企业伦理气氛形成的因素及其与不道德行为关系的总体结构模型，可见图 5-1，模型中的每一部分和假设在下面的各节将加以详细论述。

一、企业伦理气氛形成的影响因素分析

（一）领导

领导对企业伦理气氛形成的影响是不言而喻的，迪克森（Dickson，2001）等等认为组织伦理气氛最重要的决定因素是领导者的道德行为。许多企业道德丑闻的暴露无疑证明了领导者通过他们的行为和道德价值观的传递对

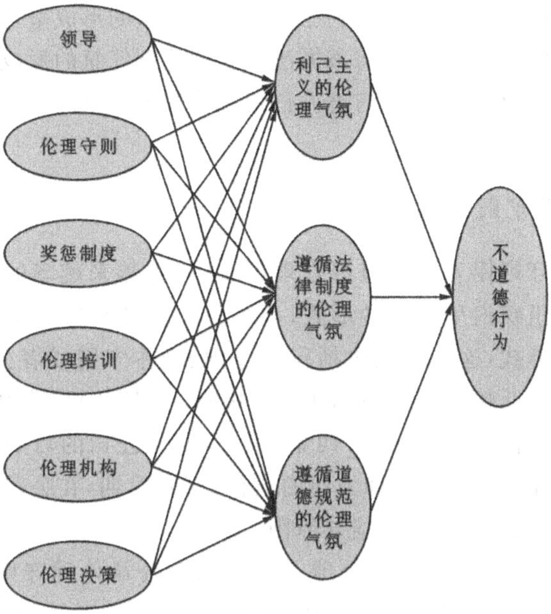

图 5-1　企业伦理气氛形成的影响因素及其与不道德行为关系的假设总模型

这些道德行为的影响。领导者不仅直接影响企业员工的行为，而且他们的行为影响员工关于道德方面的理解，导致对道德行为的期望和道德规范形成，进而形成相关的组织伦理气氛，领导者的言行直接或间接地为企业定下了道德基调。

迪克森等(2001)指出组织的伦理气氛是基于价值观的组织气氛独特形式，组织领导在向员工沟通和传达这些道德价值观中具有重要的作用。组织内关于道德特征的气氛为道德行为提供指导(维克托和卡伦，1987)。组织的创建者和其他的高层领导的决定在组织的早期阶段对组织的发展具有深刻的影响，形成了组织的战略、组织结构、组织气氛和组织文化。因此领导可以通过以下几种方式对组织伦理气氛的形成和道德行为产生影响：第一，领导者创建了组织的伦理气氛，形成组织的核心伦理价值观；第二，领导者通过建立与其下属的关系，直接影响着其下属的伦理价值观和道德行为；第三，领导者行为被那些崇拜他们的追随者模仿班杜拉(Bandura，1985)，为其追随者设立了角色模型，提供了行为示范。

可见，在企业伦理气氛形成的过程中，领导是首当其冲的影响因素之一。就领导这个影响因素，提出以下相关的假设：

H1 领导影响企业伦理气氛的形成
H1a 领导的伦理导向与利己主义伦理气氛的形成呈负相关
H1b 领导的伦理导向与遵循法律制度伦理气氛的形成呈正相关
H1c 领导的伦理导向与遵循道德规范伦理气氛的形成呈正相关

(二)伦理守则①

企业伦理守则作为一种道德管理的工具,被越来越多的公司采用。伦理守则在各个组织内呈现多种形式,很多公司的各种守则实际上可称为伦理守则的一种形式,这些守则包括行为守则、操作守则或者公司目标(施勒格尔米尔希和休斯顿 Schlegelmilch & Houston,1989)。采用伦理守则的原因有很多,美国管理协会总结有四条:第一,定义公司的目的;第二,陈述指导行为的道德原则;第三,阐释公司的道德目的;第四,在公司总体原则框架下,提供一种独立行为的全面指导原则。

卡普顿在 2004 年分析了全球 200 多家大公司伦理守则的内容,超过一半公司的伦理守则规定了公司在以下一些方面的责任:关于产品和服务质量(67%)、对当地法律和规则的遵循(57%)、对自然环境的保护(57%);许多伦理守则对处理和利益相关者的原则做出了指示,例如透明性(55%)、诚实性(50%)和公平性(45%);阐述了公司的核心价值观(比如团队合作 43%)、对员工的恰当的行为(比如歧视问题 44%、胁迫问题 43%)和员工正确对待公司财产问题(例如利益冲突问题 52%,贪污问题 46%和欺诈问题 45%);52%的公司阐述了伦理守则的遵循问题。卡普顿发现大部分公司的伦理守则关注对顾客、投资者、员工、社会和自然环境的责任,而对竞争者和供应商的责任关注力明显减少。在这些伦理守则中还阐述了处理与利益相关者所遵循的原则,这些原则是公司和员工行为的准则,它们处理公司和利益相关者的关系,其中透明性、诚实性和公平性是最重要的三个原则。另外在伦理守则中也阐述核心价值观念,这是企业各种行为的基础,例如合作精神、责任感、创新、效率、忠诚、参与、分享、成本意识、和谐等等。卡普顿在此研究基础上区分了三种伦理守则:有关利益相关者的规则(72%)、价值观的陈述(40%)和行为守则(46%)。

很多关于伦理守则的研究中都得出伦理守则的采用和实施能够影响员

---

① 本部分相关内容已在《江西师范大学学报(哲社版)》(2005 年第 4 期)正式发表。

工行为的结论，并且相关的实证研究也支持这种观点，例如措卡利克斯和弗里奇察利克斯(J. Tskalikis & D. Fritche Tsalikis，1989)关于伦理守则对市场营销人员行为影响的研究以及玛菲(P. R. Murphy，1992)等关于服务行业中伦理守则对服务人员行为影响的研究都支持这种观点。因此伦理守则的采用和实施可以从以下几方面对企业道德行为产生影响：首先，伦理守则的采用提高了员工对道德问题的意识程度和重视程度；其次，伦理守则具体内容的制定有利于员工做出符合本企业道德要求的道德判断并且提供可能采用的行为方案；再次，伦理守则的具体实施有利于提高企业决策活动更符合道德要求的机率。

因此，有关伦理守则影响企业伦理气氛形成的相关假设如下：

H2 伦理守则影响企业伦理气氛的形成

H2a 伦理守则的制定和实施与利己主义伦理气氛的形成呈负相关

H2b 伦理守则的制定和实施与遵循法律制度伦理气氛的形成呈正相关

H2c 伦理守则的制定和实施与遵循道德规范伦理气氛的形成呈正相关

（三）奖惩制度

在一个组织内人们总是做那些得到奖励的事情而避免做那些会受到惩罚的事情。利用奖惩制度也许是一种促进道德行为的有效方式，即奖励那些通过和企业价值观一致的方式完成目标的员工，同样也意味着惩罚那些违反规则的任何层次的员工。管理者通过奖励道德行为和惩罚不道德行为来支持组织的制度和规则。这种行为向员工传达一个信号，即员工如何为道德负责任、管理者如何通过行动来表示支持等等。

因此在员工认同、员工发展和解雇等过程中强调道德行为和道德价值观等方面有助于员工认识到道德行为的重要性。正式和非正式的奖励都会加强道德行为的发生。非正式奖励是指来自上级领导者个人或者其他领导者的信任、自主安排工作的计划、同组织其他层次员工交流的机会、从事特殊工作的机会等等，实质上是对于那些符合道德标准的下属，领导者更加信任和尊敬并且给予发展的机会。通过建立与道德价值观相一致的奖励体系来强调重要价值观和道德规范的重要性。正式奖励包括各种财务奖励和组织职位的提升等。及时对道德行为进行奖励和对不道德行为进行惩罚，会加强组织员工对组织在道德方面的要求的认识，把组织的伦理价值贯彻到自己的日常工作活动中，逐渐使个人的伦理价值观和组织的伦理价值观达成一致。

因此，关于奖惩制度影响企业伦理气氛形成的相关假设如下：

H3 奖惩制度影响企业伦理气氛的形成

H3a 关于道德行为奖惩制度的制定和实施与利己主义伦理气氛的形成呈负相关

H3b 关于道德行为奖惩制度的制定和实施与遵循法律制度伦理气氛的形成呈正相关

H3c 关于道德行为奖惩制度的制定和实施与遵循道德规范伦理气氛的形成呈正相关

（四）伦理培训

进行企业伦理培训（ethical training）是提高企业道德水平的重要途径之一。企业伦理培训是企业依据与市场经济相适应的道德准则和要求，对企业内部员工有组织有计划地不间断地施加系统影响的一种管理活动。伦理培训和指导可以提高员工道德意识、道德判断、道德选择，促进道德行为的发生。韦伯（1990）认为伦理培训有利于提高道德推理的能力，从而提高员工道德决策的技巧和能力。企业伦理培训的最大目标是促成全体成员形成共同的道德认识、道德情感、道德信仰和道德习惯，以增强企业的向心力和凝聚力。基兰（Kirrane，1990）总结伦理培训的目标是认识道德决策的环境，理解组织文化和价值观，评价道德决策对组织的影响。因此，企业应该根据组织实际需求通过伦理培训达到以下一些目标：（1）帮助员工了解道德决策过程；（2）帮助员工评估道德的优越性；（3）提供处理违反道德规范的方式；（4）使员工能够依据公司政策处理道德问题；（5）提高对道德问题的敏感度；（6）提高员工的道德考虑；（7）通过道德的支持系统和伦理守则等促进伦理气氛的形成。具有强道德文化的组织会减少道德风险和法律风险，从而使企业产生道德行为，因为组织员工的一切活动和决策都以较高的道德标准为准绳。

伦理培训的对象应该是企业内部各个层次的全部员工，包括各级管理人员和基层员工，特别是高层管理人员尤其要接受企业伦理培训。因为企业的决策行为大多是由企业的高层管理人员做出，只有做出符合道德规范的决策才可能使企业产生一系列的道德行为。而且企业的领导及管理者在企业的道德建设中具有极其重要的影响作用，企业高层管理者的道德价值观直接影响着企业道德价值观的形成，并且企业高层管理者的道德行为示范对于其他员工道德行为的影响作用不容小觑，管理者的行为直接影响着其下属的行为。

因此，有关伦理培训影响企业伦理气氛形成的相关假设如下：

H4　伦理培训影响企业伦理气氛的形成

H4a　伦理培训的制定和实施与利己主义伦理气氛的形成呈负相关

H4b　伦理培训的制定和实施与遵循法律制度伦理气氛的形成呈正相关

H4c　伦理培训的制定和实施与遵循道德规范伦理气氛的形成呈正相关

（五）伦理机构

国外许多大型的企业往往成立专门的伦理机构对企业道德方面进行管理，包括设立伦理主管（ethical officer）、伦理办公室（ethical office）、伦理委员会（ethical committee）和道德热线电话（ethical line）等等。美国通用汽车在1985年创立了第一个公司伦理办公室，从而名声大噪。如今，财富500强中半数以上都设立了此类伦理负责机构。首先，企业设立了伦理机构，表明企业对伦理道德方面的建设非常重视，这样就给企业员工一个重视道德问题的积极信号。其次，企业设立了伦理机构，如果出现了相关的道德问题的疑问或道德危机时，就有专门的机构进行处理，并且企业有成熟的处理道德问题的方式和程序，因此当企业员工面临道德困境时，可以向相关的伦理机构进行道德方面的沟通和咨询，从而避免不道德行为的发生。再次，类似伦理主管或伦理委员会的伦理负责机构经常审核企业的道德状况，根据组织的现实需要，制定相应的促进道德建设的伦理政策文件，并负责执行相应的伦理培训，有利于掌握企业在道德方面存在的问题，从而提高企业的伦理气氛和水平。

因此，有关伦理机构影响企业伦理气氛形成的相关假设如下：

H5　伦理机构影响企业伦理气氛的形成

H5a　伦理机构的设立与利己主义伦理气氛的形成呈负相关

H5b　伦理机构的设立与遵循法律制度伦理气氛的形成呈正相关

H5c　伦理机构的设立与遵循道德规范伦理气氛的形成呈正相关

（六）伦理决策

所谓伦理决策是指在企业日常的管理决策中考虑道德方面的要求和责任。企业管理者作某项决策并非一蹴而就，而是要综合分析管理中面临的各种问题，有针对性地提出几套备选方案，经过对备选方案的评估后选取最佳一套予以实行。为了保证决策合乎伦理，建议决策者对决策方案进行伦理方面的分析、检测，其检测内容大致分为三组。第一组检测着重考虑利益相关者，我国学者周祖城教授认为应该考虑以下问题即(1)谁是你现行的利益相关者？(2)谁是你潜在的利益相关者？(3)利益相关者想从你那里获得什么？(4)你想从利益相关者那里获得什么？(5)决策会带给利益相关者多大利益或伤害？(6)利益相关者受到损害可能采取的行动？(7)可能采取行动对利益相关者的影响力有多大？(8)企业对利益相关者承担哪些经济的、法律的、道德的责任？第二组检测着重检验企业道德决策的几个问题即(1)你准确地确定了问题吗？(2)如果站在对方的立场上，你将如何确定问题？(3)这种情况首先发生时会是怎样？(4)作为一个人和作为公司的一员，你对谁和对什么事表现忠诚？(5)在制定决策时，你的意图是什么？(6)这一意图和可能的结果相比如何？(7)你的决策或行动可能伤害谁？(8)在你作决策前，你能和受影响的当事人讨论问题吗？(9)你能自信你的观点在长时间内将和现在一样有效吗？(10)你的决策或行动能问心无愧地透露给你的上司、首席执行官、董事会、家庭或整个社会吗？(11)如果你的行为为人了解，那么它的象征性潜力是什么？如果被误解了，又该如何？(12)在什么情况下，你将允许发生意外？第三组检测考虑相应的法律规范和组织长远利益即(1)决策合法吗？(2)决策符合社会倡导的伦理规范吗？(3)决策能为利益相关者所接受吗？(4)决策符合企业长远经济利益吗？(5)决策能使你感到非常自豪吗？等等。

只有在组织日常的工作和管理活动中真正实施道德方面的考虑，才不会使组织的道德建设流于形式，陷于空谈的困境；也只有在管理层中实施道德决策机制，才可能促进组织伦理气氛的形成。

因此，有关伦理决策影响企业伦理气氛形成的相关假设如下：

H6　伦理决策影响企业伦理气氛的形成

H6a　伦理决策的实施与利己主义伦理气氛的形成呈负相关

H6b　伦理决策的实施与遵循法律制度伦理气氛的形成呈正相关

H6c　伦理决策的实施与遵循道德规范伦理气氛的形成呈正相关

根据以上假设，构建影响企业伦理气氛形成的因素及其效应假设模型，如图 5-2 所示。

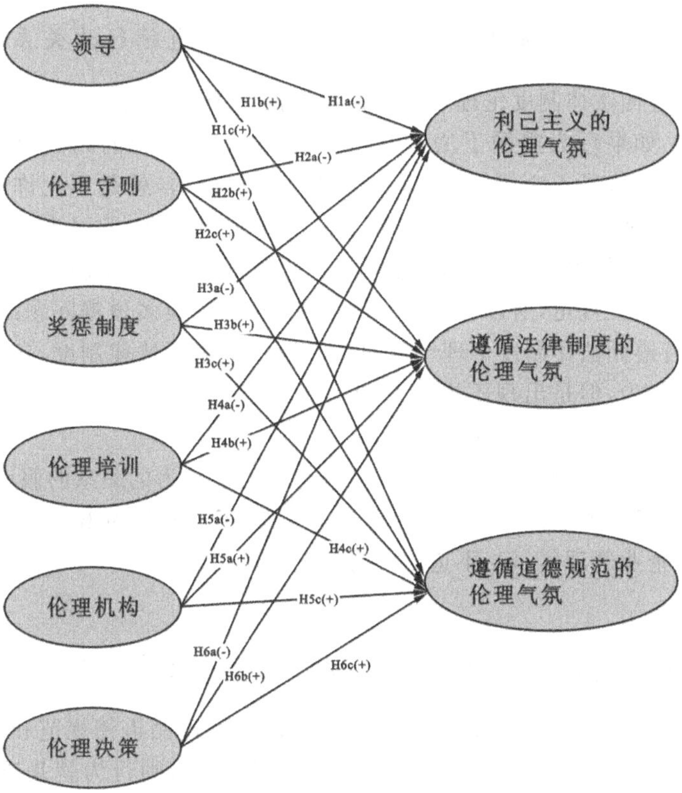

图 5-2 企业伦理气氛形成的影响因素及其效应假设模型

二、企业伦理气氛与不道德行为关系假设陈述

(一)利己主义的企业伦理气氛与不道德行为关系

具有利己主义伦理气氛的企业因为以利己主义标准为企业行为标准,所以只要是有利于最大化个人利益或者企业利益,不管是否违法,不管是否违背道德规范和原则,企业的员工都会进行这种行为。而且,具有利己主义伦理气氛的企业仅仅承担了企业的经济责任,而没有承担企业的法律责任和道德责任,因此,利己主义的企业伦理气氛出现不道德行为的可能性比较大。

有关利己主义的企业伦理气氛与不道德行为关系的假设为:

H7 利己主义的企业伦理气氛越强,不道德行为出现越多,利己主义的企业伦理气氛与不道德行为呈正相关关系

(二)遵循法律制度的企业伦理气氛与不道德行为关系

具有遵循法律制度伦理气氛的企业根据是否遵循法律制度来判断行为的道德性,如果行为遵循了法律制度,则行为就是道德的,就是可行的;反之,如果行为违反了法律制度,则行为就是不道德的,就是不允许出现的行为。具有这种伦理气氛的企业因为严格遵循法律制度,所以出现违法的事情比较少。但是由于很多道德规范所不允许的领域,法律制度由于其滞后性,并没有明文规定,所以在法律制度之外,还存在很多道德问题的空白区。因此,具有遵循法律制度伦理气氛的企业虽然遵循了法律制度,还是会出现不道德的行为,但是出现不道德行为的概率相对于利己主义的企业伦理气氛小。

有关遵循法律制度的企业伦理气氛与不道德行为的关系的假设为:

H8 遵循法律制度的企业伦理气氛越强,不道德行为出现越少,遵循法律制度的企业伦理气氛与不道德行为呈正相关关系

(三)遵循道德规范的企业伦理气氛与不道德行为关系

具有遵循道德规范伦理气氛的企业根据是否遵循道德规范和原则来判断行为的道德性,如果行为遵循了道德规范和原则,则行为就是道德的,就是可行的;反之,如果行为违反了道德规范和原则,则行为就是不道德的,就是不允许出现的行为。具有这种伦理气氛的企业因为按照普遍性的道德规范和原则行事,企业不但承担了经济责任还承担了法律和道德的责任,追求更高的道德层次,所以出现不道德行为的概率很少。这并不是说具有这种伦理气氛的企业不会出现不道德行为,因为不同的企业对道德规范和原则的认识还会存在着误区,也可能因为企业的相关执行制度措施没有到位,这种企业的员工也可能会出现不道德的行为,但是,具有遵循道德规范伦理气氛的企业出现不道德行为的概率是最小的。

有关于遵循道德规范的企业伦理气氛与不道德行为的关系的假设为:

H9 遵循道德规范的企业伦理气氛越强,不道德行为出现越少,遵循道德规范的企业伦理气氛与不道德行为呈正相关关系

根据以上假设，构建企业伦理气氛与不道德行为关系的假设模型，如图5-3所示。

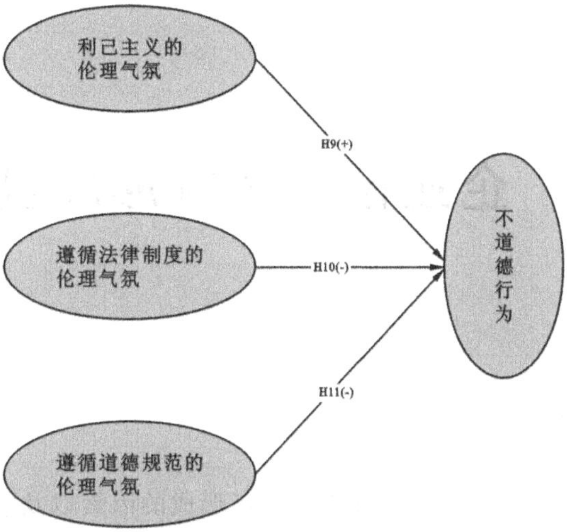

图 5-3　企业伦理气氛与不道德行为关系的假设模型

第六章　企业伦理气氛形成机制研究

一、研究目的

本章旨在研究影响我国企业伦理气氛形成的因素以及它们对企业伦理气氛影响的方式和强度。在本章中需验证前文提出的相关假设，探讨在我国文化背景下，哪些因素更容易影响企业伦理气氛及其强度，为企业管理者进行企业道德建设提供理论基础。

二、研究方法

运用结构方程模型的方法对企业伦理气氛的结构进行验证，通过 LISERL8.7 软件工具实现；运用相关分析和回归分析对各影响因素与企业伦理气氛各维度的关系进行研究，通过 SPSS12.0 软件工具实现。

三、企业伦理气氛的结构研究

根据验证性因素分析的要求，将所获得的数据随机地分为两部分，一部分用来作探索性因素分析，一部分用来作验证性因素分析。本文此次共获取有效样本 319 个，因此根据要求，159 个样本用来做探索性因素分析，160 个样本做验证性因素分析。

(一)探索性因素分析

首先对企业伦理气氛所有变量的相关矩阵作因素分析的适当性考察。KMO 是 Kaiser-Meyer-Olkin 的取样适当性度量，当 KMO 值越大时，表示度量间的共同因素愈多，愈适合进行因素分析。根据学者凯瑟(Kaiser，1974)的观点，如果 KMO 的值小于 0.5 时，较不宜进行因素分析，如果 KMO 的值大于 0.7 以上时，适合进行因素分析。此处的 KMO 值为 0.844，表示适合进行因素分析。此外，从巴特利特(Bartlett)球形检验结果显示，近似卡方值为 1179.493，自由度为 66，检验的显著性水平为 0.000，达到显著，因此可以对该量表进行因素分析。其结果在表 6-1 中列出。

表 6-1 KMO 与 Bartlett 检验

Kaiser-Meyer-Olkin 取样适当性度量		.844
Bartlett 球形检验	近似卡方分布	1179.493
	自由度	66
	显著性	.000

本章采用主成分分析法(principal components)的因素抽取方法和最大变异法正交旋转(Varimax)对企业伦理气氛进行探索性因素分析(Exp loratorFactorAnalysis，EFA)，表 6-2 是探索性因素分析的结果。

表 6-2 企业伦理气氛三因素矩阵

观测变量	因素结构		
	1	2	3
LLQF3	.857	.087	−.127
LLQF5	.852	.118	−.128
LLQF4	.851	.149	−.156
LLQF1	.848	.200	−.156
LLQF2	.826	.138	−.171
LLQF6	.121	.849	−.143
LLQF7	.125	.848	−.105
LLQF9	.127	.813	−.017
LLQF8	.177	.752	−.207

续表 6-2

观测变量	因素结构		
	1	2	3
LLQF12	−.153	−.157	.882
LLQF10	−.175	−.097	.879
LLQF11	−.205	−.151	.848
因素方差解释量	43.518%	17.5095%	14.272%
总方差解释量	75.299%		

表 6-2 显示探索性因素分析得出的企业伦理气氛三因素矩阵中，因素 1 按照载荷量从大到小由以下项目构成：LLQF3、LLQF5、LLQF4、LLQF1、LLQF2，最大因素载荷量为 0.857，最小因素载荷量为 0.826，因素方差解释量为 43.518%；因素 2 按照载荷量从大到小由以下项目构成：LLQF6、LLQF7、LLQF9、LLQF8，最大因素载荷量为 0.849，最小因素载荷量为0.752，因素方差解释量为 17.5095%；因素 3 按照载荷量从大到小由以下项目构成：LLQF12、LLQF10、LLQF11，最大因素载荷量为 0.882，最小因素载荷量为 0.848，因素方差解释量为 75.299%。三个因素的总方差解释量为 75.299%。

从探索性因素分析的结果上看，企业伦理气氛的三维度结构是明确的。其中因素 1 命名为遵循道德规范的伦理气氛，企业主要是根据是否遵循了道德规范的标准对不道德行为进行判断；因素 2 命名为遵循法律制度的伦理气氛，企业主要是根据是否遵循了法律制度的标准对不道德行为进行判断；因素 3 命名为利己主义的伦理气氛，企业主要是根据利己主义标准对不道德行为进行判断。

(二)验证性因素分析

1. 应用结构方程模型的五个主要步骤

采用结构方程模型对企业伦理气氛的结构进行验证性因素分析(confirmatory factor analysis)，本文使用 LISREL8.7 软件工具实现分析过程。应用结构方程模型应当遵从如下五个步骤。

(1)模型设定(model specification)：即在进行模型估计之前，先要根据公理或以往研究成果来设定假设的初始理论模型。

(2)模型识别(model identification)：要确定所研究的模型中第一个未知

参数是否能够由观测数据求出参数估计的唯一解。这要求自由参数数目少于观测变量中方差与协方差的总数。

(3)模型估计(model estimation):模型参数可以采用几种不同的方法来估计。最常使用的模型估计方法是最大似然法(maximum likelihood,简称ML)和广义最小二乘法(generalized leasts quares,简称 GLS)。

(4)模型评价(model estimation):即在取得了参数估计值后,对模型与数据之间的拟合情况进行评价,并与所有的替代模型的拟合指标进行对比。评价模型的指标有很多,一般要看以下指标:拟合优度指数(Goodness of Fit Index,简称 GFI)、比较拟合参数(the Comparative Fit Index,简称 CFI)、规范拟合参数(Normed Fit Index,简称 NFI),当这些值大于 0.90 时,可以认为模型有较好的拟合(佛洛德和维德曼 Floyd & Widaman,1995;本特勒和博内特 Bentler & Bonett,1980)。近似误差的均方根(Root Mean Squear Error of Approximation,RMSEA)和残差均方根(Root mean-square residual,简称 RMR)、当 RMSEA 和 RMR 在 0.005 以下时,可以认为拟合得比较好;另外卡方与自由度的比值也是重要的参照指标,当卡方与自由度的比值小于 2 时,也认为模型拟合较好。

(5)模型修正(model medication):如果模型拟合不能很好地拟合数据,就需要对模型进行修正和再设定。

2. 假设模型与竞争模型

根据理论分析,本文提出了企业伦理气氛三因素假设模型,见图 6-1。为了证实这个假设模型的合理性,我们还将其与一个双因素竞争模型进行对比。

在本研究中,通过伦理判断理论对企业伦理气氛的维度进行研究,主要依据对不道德行为的三个判断标准:利己主义标准(目的论伦理判断理论)、遵循法律制度标准(义务论伦理判断标准)和遵循道德规范标准(义务论伦理判断标准),建立了本研究中企业伦理气氛的三维度假设模型,即利己主义的企业伦理气氛、遵循法律制度的企业伦理气氛和遵循道德规范的企业伦理气氛。但在其他学者的理论研究和企业实际情况中,企业伦理气氛也可能出现其他结构,即企业伦理气氛只存在两个维度。因此,本文提出企业伦理气氛两维度的竞争模型,见图 6-2。

在企业伦理气氛两维度的竞争模型中,因为遵循法律制度的不道德行为判断标准和遵循道德规范的不道德行为判断标准同属于义务论的伦理判断途径,所以有的学者把遵循法律制度的企业伦理气氛和遵循道德规范的企业伦理气氛两个维度合并为一个维度,把企业伦理气氛的结构分为两个

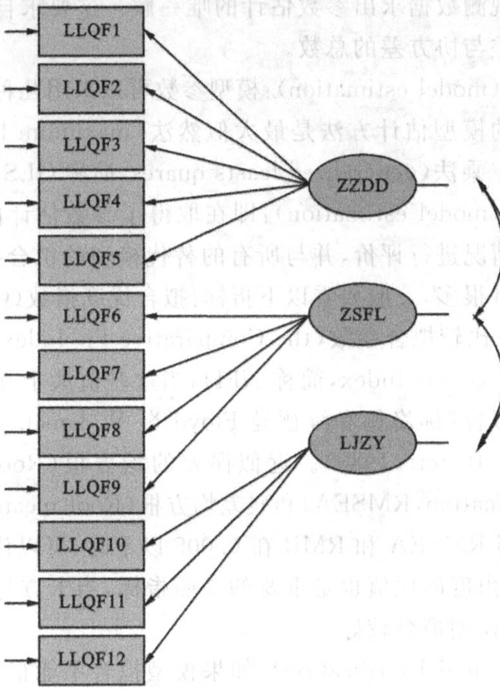

图 6-1　企业伦理气氛三维结构假设模型

维度。但两维度的企业伦理气氛并不能很好地区分伦理气氛的层次，因此本文希望通过对这两个模型进行比较，从而对本文提出的企业伦理气氛的三因素模型进行检验。

3. 验证性因素分析

衡量模型拟合优度的指标有很多。表 6-3 报告了对两个模型进行验证性因子分析的拟合指标。这些指标包括：赋范拟合指数和非范拟合指数(NFI,NNFI)、比较拟合指数(CFI)、拟合优度指数和调整的拟合优度指数(GFI,AGFI)、近似误差均方根(RMSEA)。GFI、CFI、NFI 和 NNFI 的值变化范围均为[0,1]之间，越接近 1 越好。大于 0.90 被认为拟合很好，大于 0.80被认为拟合较好，可以接受。RMSEA 的变化范围也在[0,1]之间，越接近 0 越好，0.08 以下时可以认为模型拟合得非常好。另外，卡方与自由度的比值也是重要的参照指标，当卡方与自由度的比值越接近 0，表明观测数据与模型拟合很好，$X^2/df<3$ 表示整体模型拟合得非常好；$X^2/df<5$ 表示整体拟合较好，可以接受；$X^2/df>10$，则表示整体模型非常差（约雷斯科格和索尔布姆 Jöreskog & Sörbom，1993）。

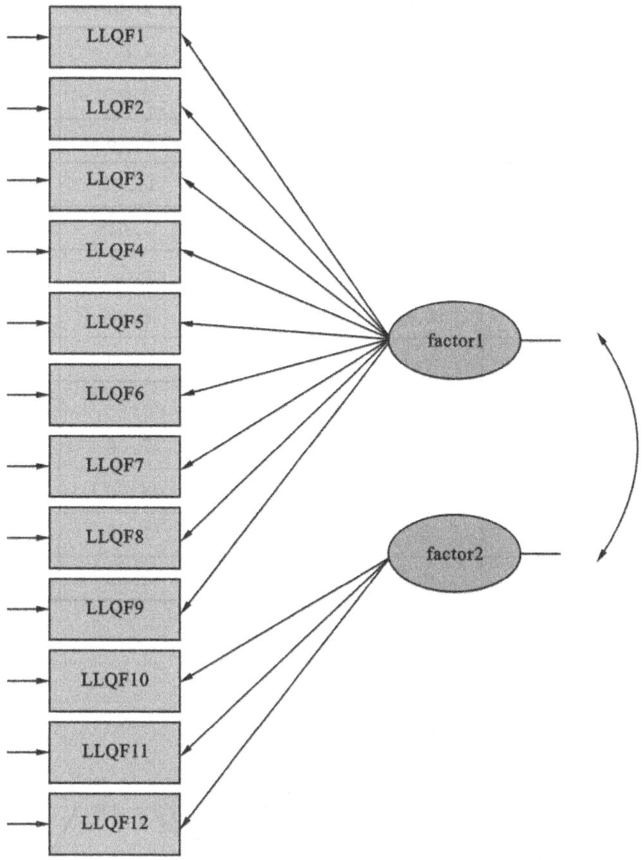

图 6-2　企业伦理气氛二维结构假设模型

表 6-3　企业伦理气氛观测数据与理论模型的拟合度指数

待估模型	Chi^2	df	Chi^2/df	RMSEA	NFI	NNFI	CFI	GFI	AGFI
双因素模型	216.60	53	4.08	0.15	0.65	0.64	0.71	0.80	0.70
三因素模型	155.44	51	3.04	0.07	0.85	0.86	0.81	0.85	0.87

表 6-3 说明，两个模型拟合指数相比，三因素模型的拟合指数优良得多，是比较理想的。其中双因素模型的 RMSA 为 0.15，在 0.08 以上，且 NFI、NNFI、CFI、AGFI 均低于 0.8，说明此双因素模型拟合程度不好；而三因素模型的 RMSA 在 0.08 以上，且 NFI、NNFI、CFI、GFI、AGFI 均在 0.80 以上，说明三因素模型的拟合程度还比较好。三因素模型的路径图和参数估计值见图 6-3，三因素模型的单个因子负载在表 6-4 给出。

表 6-4 企业伦理气氛各维度的验证性因子分析(n=160)

潜变量	观测变量	因子负载	SE	T	R^2
遵循道德规范的企业伦理气氛	LLQF1	0.64	0.08	8.27	0.41
	LLQF2	0.52	0.08	6.38	0.27
	LLQF3	0.81	0.07	11.02	0.65
	LLQF4	0.46	0.08	5.62	0.21
	LLQF5	0.63	0.08	8.13	0.40
遵循法律制度的企业伦理气氛	LLQF6	0.66	0.08	8.43	0.44
	LLQF7	0.72	0.08	9.36	0.52
	LLQF8	0.73	0.08	9.54	0.53
	LLQF9	0.57	0.08	7.06	0.33
利己主义的企业伦理气氛	LLQF10	0.82	0.10	8.00	0.68
	LLQF11	0.73	0.10	7.39	0.53
	LLQF12	0.23	0.09	2.53	0.05

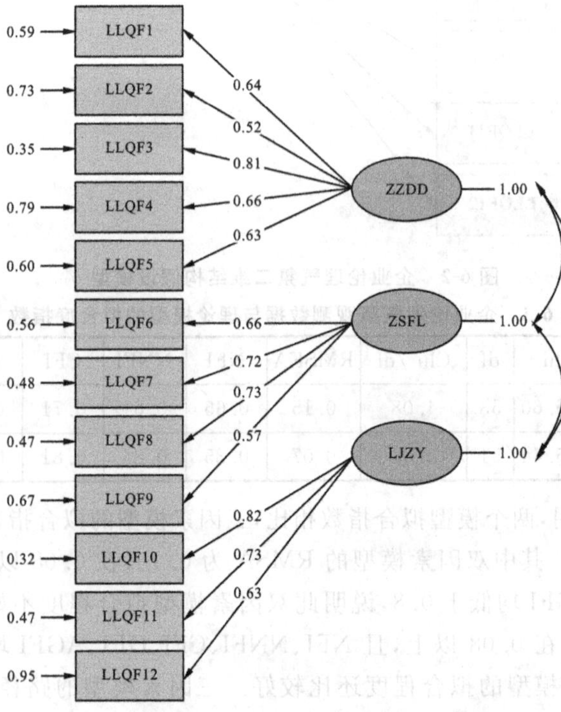

图 6-3 三因素模型的参数估计值

四、企业伦理气氛形成的各影响因素与企业伦理气氛的相关分析

（一）各影响因素与利己主义伦理气氛的相关分析

前人的理论研究和实证研究表明，组织因素如领导、伦理守则、奖惩制度、伦理培训、伦理机构和伦理决策，对伦理气氛的形成均有或大或小的影响。根据本文在第二章的理论分析，提出假设：各影响因素与利己主义伦理气氛的形成呈负相关关系。对本次实证调查研究的数据进行相关分析，结果见表 6-5a：

表 6-5a　各影响因素与利己主义伦理气氛的相关系数

		LJZY	LLLD	LLSZ	JCZD	LLPX	LLJG	LLJC
LJZY	Pearson Correlation	1	−.257 (＊＊)	−.242 (＊＊)	−.099	−.118 (＊)	−.137 (＊)	−.231 (＊＊)
	Sig. (2−tailed)	.	.000	.000	.078	.035	.014	.000

＊＊Correlationissignificantatthe0.01level(2-tailed).

＊　Correlationissignificantatthe0.05level(2-tailed).

利己主义的企业伦理气氛与各影响因素的相关系数表显示：利己主义的伦理气氛与领导、伦理守则和伦理决策相关系数分别为：−0.257、−0.242、−0.231，显著性水平均为 0.00，小于 0.01 显著性水平，说明显著性极高；利己主义的企业伦理气氛与伦理培训、伦理机构的相关系数分别为：−0.118、−0.137，显著性水平分别为 0.035、0.014，小于 0.05 显著水平，说明也具有较强的显著性。利己主义伦理气氛与奖惩制度的相关系数为−0.099，显著性水平为 0.078，大于 0.05 的显著性水平，说明不具有显著性。相关系数表说明利己主义的伦理气氛与领导、伦理守则、伦理培训、伦理机构和伦理决策均具有显著的负相关性，即如果企业中领导活动越没有伦理导向、没有制定和实施伦理守则和伦理培训、没有设立伦理机构、不进行伦理决策等现象的存在，那么利己主义伦理气氛也存在。奖惩制度与利己主义伦理气氛的相关性在此表中显示，虽然奖惩制度与利己主义的企业伦理气氛呈现负相关性，但并没有显著的相关性，从数据上表明奖惩制度的实施与否并不影响利己主义的企业伦理气氛形成。

(二)各影响因素与遵循法律制度伦理气氛的相关分析

本文通过理论分析,在第三章提出假设:领导、伦理守则、奖惩制度、伦理培训、伦理机构和伦理决策与遵循法律制度的企业伦理气氛呈正相关关系,本次实证调查的相关分析见表 6-5b。

表 6-5b　各影响因素与遵循法律制度伦理气氛的相关系数

		ZSFL	LLLD	LLSZ	JCZD	LLPX	LLJG	LLJC
ZSFL	Pearson Correlation	1	.304 (* *)	.458 (* *)	.245 (* *)	.243 (* *)	.305 (* *)	.367 (* *)
	Sig. (2-tailed)	.	.000	.000	.000	.000	.000	.000

* * Correlationissignificantatthe0. 01level(2-tailed).

*　Correlationissignificantatthe0. 05level(2-tailed).

遵循法律制度的企业伦理气氛与各影响因素的相关系数表显示:遵循法律制度的企业伦理气氛与领导、伦理守则、奖惩制度、伦理培训、伦理机构和伦理决策相关系数分别为:0. 304、0. 458、0. 245、0. 243、0. 305、0. 367,显著性水平均为 0. 00,小于 0. 01 显著性水平,说明显著性极高;相关系数表说明遵循法律制度的企业伦理气氛与领导、伦理守则、奖惩制度、伦理培训、伦理机构和伦理决策等因素均具有显著的正相关性,即如果企业存在领导活动是伦理导向的,制定和实施了伦理守则、伦理培训、对不道德行为的奖惩制度,设立伦理机构并且企业的决策都是伦理决策等现象,那么遵循法律制度的企业伦理气氛也同时存在。

(三)各影响因素与遵循道德规范伦理气氛的相关分析

关于各影响因素与遵循道德规范的企业伦理气氛的关系,本文提出的假设是各影响因素与遵循道德规范的企业伦理气氛呈正相关关系,本次数据的相关分析结果见表 6-5c:

表 6-5c　各影响因素与遵循道德规范伦理气氛的相关系数

		ZSDD	LLLD	LLSZ	JCZD	LLPX	LLJG	LLJC
ZSDD	Pearson Correlation	1	.441 (* *)	.436 (* *)	.435 (* *)	.413 (* *)	.347 (* *)	.412 (* *)
	Sig. (2-tailed)	.	.000	.000	.000	.000	.000	.000

* * Correlationissignificantatthe0. 01level(2-tailed).

*　Correlationissignificantatthe0. 05level(2-tailed).

遵循道德规范的企业伦理气氛与各影响因素的相关系数表显示：遵循道德规范的企业伦理气氛与领导、伦理守则、奖惩制度、伦理培训、伦理机构和伦理决策相关系数分别为：0.441、0.436、0.435、0.413、0.347、0.412，显著性水平均为0.00，小于0.01显著性水平，说明显著性极高；相关系数表说明遵循道德规范的企业伦理气氛与领导、伦理守则、奖惩制度、伦理培训、伦理机构和伦理决策等因素均具有显著的正相关性，即如果企业存在领导活动是伦理导向的，制定和实施了伦理守则、伦理培训、对不道德行为的奖惩制度，设立伦理机构并且企业的决策都是伦理决策等现象，那么遵循道德规范的企业伦理气氛也同时存在。

五、企业伦理气氛形成的各影响因素与企业伦理气氛的回归分析

（一）各影响因素与利己主义伦理气氛的回归分析

相关分析中如果显示变量之间有显著相关，不一定表示变量间有因果关系存在，二者可能同时均为因或均为果，或者真有因果关系存在，因此鉴于相关分析的局限性，下面对各影响因素与企业伦理气氛进行进一步的回归分析，以获得各影响因素对企业伦理气氛的作用强度。

各影响因素与利己主义的企业伦理气氛的相关性回归模型为：

$$LJZY=\alpha+\beta_1 LLLD+\beta_2 LLSZ+\beta_3 JCZD+\beta_4 LLPX+\beta_5 LLJG+\beta_6 LLJC+\varepsilon$$

其中LJZY表示利己主义的企业伦理气氛；LLLD表示领导的影响因素；LLSZ表示伦理守则的影响因素；JCZD表示奖惩制度的影响因素；LLPX表示伦理培训的影响因素；LLJG表示伦理机构的影响因素；LLJC表示伦理决策的影响因素。此回归模型探讨领导、伦理守则、奖惩制度、伦理培训、伦理机构和伦理决策等各影响因素对利己主义的企业伦理气氛的影响大小。本文利用获得的调查数据，用SPSS12.0统计软件进行多元回归分析，分析的结果如表6-6a和表6-6b所示。

从表6-6a可以看出，回归方程的F检验为5.767，显著水平0.000，其显著水平小于0.001的显著水平，说明自变量和因变量确实存在回归关系，即领导、伦理守则、奖惩制度、伦理培训、伦理机构和伦理决策与利己主义的伦理气氛存在回归关系。从表6-6b可以看出，领导、伦理守则、奖惩制度、伦理

培训、伦理机构和伦理决策的标准化回归系数即回归方程中的β值，β_1、β_2、β_3、β_4、β_5、β_6 分别为－0.202、－0.152、－0.146、－0.012、－0.033、－0.097，其显著水平都小于0.05，所以回归项均通过了显著性检验，表明这些影响因素对利己主义伦理气氛的形成都有影响，而且从负方向产生影响。通过对回归系数的比较可以看出，以上六个影响因素对利己主义伦理气氛的影响程度由大到小依次排列为：领导、伦理守则、奖惩制度、伦理决策、伦理机构和伦理培训。

表 6-6a 各影响因素与利己主义伦理气氛的回归方程检验结果

回归方程模式		平方和	自由度	平均平方和	F检验	显著水平
1	回归	38.178	6	6.363	5.767	.000
	残差	344.261	312	1.103		
	总和	382.439	318			

预测变量（常数）：伦理决策，奖惩制度，伦理守则，伦理机构，领导，伦理培训

因变量：利己主义伦理气氛

表 6-6b 各影响因素与利己主义伦理气氛的回归系数结果

回归方程模式		未标准化系数		标准化系数	T值	显著水平	共线性统计量	
		B的估计值	标准误差	Beta值			允差	VIF值
1	（常数）	4.561	.234		19.462	.000		
	领导	－.231	.083	－.202	－2.777	.006	.544	1.839
	伦理守则	－.150	.071	－.152	－2.122	.035	.562	1.780
	奖惩制度	－.134	.074	－.146	－1.824	.019	.447	2.236
	伦理培训	－.011	.072	－.012	－.153	.048	.482	2.075
	伦理机构	－.030	.065	－.033	－.460	.025	.554	1.806
	伦理决策	－.104	.081	－.097	－1.282	.041	.508	1.970

因变量：利己主义伦理气氛

（二）各影响因素与遵循法律制度伦理气氛的回归分析

下面对各影响因素与遵循法律制度的企业伦理气氛进行多元回归分析，探讨各影响因素对遵循法律制度的企业伦理气氛作用强度。先建立各影响因素与遵循法律制度伦理气氛的相关性回归模型：

$$ZSFL=\alpha+\beta_1 LLLD+\beta_2 LLSZ+\beta_3 JCZD+\beta_4 LLPX+\beta_5 LLJG+\beta_6 LLJC+\varepsilon$$

其中 ZSFL 表示遵循法律制度的企业伦理气氛；LLLD、LLSZ、JCZD、LLPX、LLJG 和 LLJC 分别代表各影响因素领导、伦理守则、奖惩制度、伦理培训、伦理机构和伦理决策，通过对数据的分析，得出如下回归分析结果，见表 6-7a 和表 6-7b 所示。

表 6-7a　各影响因素与遵循法律制度伦理气氛的回归方程检验结果

回归方程模式		平方和	自由度	平均平方和	F 检验	显著水平
1	回归	49.041	6	8.174	16.242	.000
	残差	157.010	312	.503		
	总和	206.051	318			

预测变量(常数)：伦理决策，奖惩制度，伦理守则，伦理机构，领导，伦理培训

因变量：遵循法律制度的伦理气氛

表 6-7b　各影响因素与遵循法律制度伦理气氛的回归系数结果

回归方程模式		未标准化系数		标准化系数	T 值	显著水平	共线性统计量	
		B 的估计值	标准误差	Beta 值			允差	VIF 值
1	(常数)	2.681	.158		16.939	.000		
	领导	.061	.056	.073	1.085	.049	.544	1.839
	伦理守则	.259	.048	.357	5.415	.000	.562	1.780
	奖惩制度	.039	.050	.058	.781	.043	.447	2.236
	伦理培训	.036	.049	.053	.741	.035	.482	2.075
	伦理机构	.058	.044	.088	1.321	.012	.554	1.806
	伦理决策	.113	.055	.143	2.062	.040	.508	1.970

因变量：遵循法律制度的伦理气氛

从表 6-7a 可以看出，回归方程的 F 检验为 16.242，显著水平 0.000，其显著水平小于 0.001 的显著水平，说明自变量和因变量确实存在回归关系，即领导、伦理守则、奖惩制度、伦理培训、伦理机构和伦理决策与遵循法律制度的伦理气氛存在回归关系。从表 6-7b 可以看出，领导、伦理守则、奖惩制度、伦理培训、伦理机构和伦理决策的标准化回归系数即回归方程中的 β 值，β_1、β_2、β_3、β_4、β_5、β_6 分别为 0.073、0.357、0.058、0.053、0.088、0.143，其显著水平都小于 0.05，所以回归项均通过了显著性检验，表明这些影响因素对遵循法律制度伦理气氛的形成都有影响，而且是从正方向产生影响。通过对回归系数的比较可以看出，以上六个影响因素对利己主义伦理气氛的影响

程度由大到小依次排列为：伦理守则、伦理决策、伦理机构、领导、奖惩制度和伦理培训。

（三）各影响因素与遵循道德规范伦理气氛的回归分析

下面对各影响因素与遵循道德规范的企业伦理气氛进行多元回归分析，探讨各影响因素对遵循道德规范的企业伦理气氛作用强度。先建立各影响因素与遵循道德规范伦理气氛的相关性回归模型：

$$ZSDD=\alpha+\beta_1 LLLD+\beta_2 LLSZ+\beta_3 JCZD+\beta_4 LLPX+\beta_5 LLJG+\beta_6 LLJC+\varepsilon$$

其中 ZSDD 表示遵循法律制度的企业伦理气氛；LLLD、LLSZ、JCZD、LLPX、LLJG 和 LLJC 分别代表各影响因素领导、伦理守则、奖惩制度、伦理培训、伦理机构和伦理决策，通过对数据的分析，得出如下回归分析结果，见表 6-8a 和表 6-8b 所示。

表 6-8a　各影响因素与遵循道德规范伦理气氛的回归方程检验结果

回归方程模式		平方和	自由度	平均平方和	F 检验	显著水平
1	回归	93.332	6	15.555	22.257	.000
	残差	218.053	312	.699		
	总和	311.385	318			

预测变量（常数）：伦理决策，奖惩制度，伦理守则，伦理机构，领导，伦理培训

因变量：遵循道德规范的伦理气氛

表 6-8b　各影响因素与遵循道德规范伦理气氛的回归系数结果

回归方程模式		未标准化系数		标准化系数	T 值	显著水平	共线性统计量	
		B 的估计值	标准误差	Beta 值			允差	VIF 值
1	（常数）	1.006	.187		5.392	.000		
	领导	.207	.066	.201	3.123	.002	.544	1.839
	伦理守则	.141	.056	.158	2.494	.013	.562	1.780
	奖惩制度	.087	.059	.105	1.488	.038	.447	2.236
	伦理培训	.101	.058	.120	1.761	.029	.482	2.075
	伦理机构	.036	.052	.045	.705	.046	.554	1.806
	伦理决策	.074	.064	.077	1.155	.027	.508	1.970

因变量：遵循道德规范的企业伦理气氛

从表 6-8a 可以看出，回归方程的 F 检验为 22.257，显著水平 0.000，其显著水平小于 0.001 的显著水平，说明自变量和因变量确实存在回归关系，即领导、伦理守则、奖惩制度、伦理培训、伦理机构和伦理决策与遵循道德规范的伦理气氛存在回归关系。从表 6-8b 可以看出，领导、伦理守则、奖惩制度、伦理培训、伦理机构和伦理决策的标准化回归系数即回归方程中的 β 值，β_1、β_2、β_3、β_4、β_5、β_6 分别为 0.201、0.158、0.105、0.120、0.045、0.077，其显著水平都小于 0.05，所以回归项均通过了显著性检验，表明这些影响因素对遵循道德规范伦理气氛的形成都有影响，而且是从正方向对遵循道德规范的企业伦理气氛产生影响。通过对回归系数的比较可以看出，以上六个影响因素对利己主义伦理气氛的影响程度由大到小依次排列为：领导、伦理守则、伦理培训、奖惩制度、伦理决策和伦理机构。

六、主要结论及其对管理的启示

（一）本章结论小结

（1）通过对企业伦理气氛的维度进行探索性因子分析和验证性因子分析，得出企业伦理气氛的三个维度，即遵循道德规范的企业伦理气氛、遵循法律制度的企业伦理气氛和利己主义的企业伦理气氛。

（2）通过各影响因素与企业伦理气氛的相关分析得出，领导、伦理守则、奖惩制度、伦理培训、伦理机构和伦理决策等影响因素和企业伦理气氛具有显著的相关性。其中，各影响因素与利己主义的伦理气氛呈负相关关系，与遵循法律制度的企业伦理气氛和遵循道德规范的企业伦理气氛呈正相关关系。

（3）通过各影响因素与企业伦理气氛的多元回归分析得出，各影响因素与企业伦理气氛的三个维度均具有回归关系。其中，各影响因素从负方向影响利己主义的企业伦理气氛的形成，从正方向影响遵循法律制度的企业伦理气氛与遵循道德规范的企业伦理气氛的形成。而且影响利己主义企业伦理气氛的各因素其作用由强至弱的顺序为：领导、伦理守则、奖惩制度、伦理决策、伦理机构和伦理培训；各影响因素对遵循法律制度的企业伦理气氛的作用强度由大到小依次为：伦理守则、伦理决策、伦理机构、领导、奖惩制度和伦理培训；各因素对遵循道德规范企业伦理气氛的影响大小依次为：领导、伦理守则、伦理培训、奖惩制度、伦理决策和伦理机构。

(二)本章结论对企业管理的启示①

通过本章的实证分析发现，领导、伦理守则、奖惩制度、伦理培训、伦理机构和伦理决策对企业伦理气氛的形成都产生影响，其中对利己主义的企业伦理气氛呈负相关关系，与遵循法律制度的企业伦理气氛和遵循道德规范的企业伦理气氛呈正相关关系。这就表明，如果企业领导活动是伦理导向的，制定和实施了伦理守则、伦理培训、对不道德行为的奖惩制度，设立伦理机构并且企业的决策都是伦理决策，那么利己主义的伦理气氛就不容易形成，而易促进遵循法律制度伦理气氛和遵循道德规范伦理气氛的形成。因此，企业管理者可以从以下一些途径来抑制利己主义伦理气氛的形成，强化遵循法律制度和道德规范的伦理气氛的形成。

其一，在企业内建立共同认知的"伦理守则"，从而建立清晰的对道德行为的期望：伦理守则等关于管理道德决策和道德行为的正式文件的制定是组织正式控制系统的一种（法尔肯伯格和埃勒曼 Falkenberg & Herremans，1995）制度。目前，欧美的许多企业组织最常用来约束员工行为及组织对内或对外行为使之符合道德规范的就是伦理守则。所谓伦理守则是表明一个组织基本道德价值观和希望其成员遵循的道德规则的正式文件。伦理守则描述了组织对利益相关者的责任或者对员工行为的期望，明确了公司追求的道德目标，所持的道德观念以及能够负责的内容。伦理守则的采用会提高员工对道德问题的意识程度和重视程度，而且伦理守则具体内容的制定有利于员工做出符合本组织道德要求的道德判断并提供可能采用的行为方案。一旦组织成员对道德问题和道德标准越来越达到共同认识的程度，组织的伦理气氛也就形成或者加强了。在伦理守则制定和实施的过程中，要使伦理守则真正发挥效用，必须达到以下一些条件。第一，伦理守则与企业价值观的契合度，即伦理守则所阐述的道德期望与企业的价值观是一致的。第二，伦理守则意思表述的清晰度，因为严格遵循企业伦理守则的前提是要让执行者充分地理解伦理守则的要求。第三，伦理守则沟通传达的效度，因为有效地对伦理守则进行沟通传达，有利于形成一种讲究道德的氛围。因此企业应该有意识地在企业日常运作的各个方面不断地对伦理守则进行强化，这些强化的形式包括：定期组织学习，就实践中遇到的伦理问题开展讨论，建立论坛鼓励员工交流心得等等。第四，伦理守则实施范围的广度，这

① 本部分相关内容已在《理论探讨》(2006 年第 1 期)正式发表。

是因为伦理守则的影响效果还取决于其涉及的人员范围。有种误解认为企业伦理守则只是针对企业普通员工的。而事实上,企业伦理守则应该适用于企业所有职位和所有级别的人员,从企业的最高领导者到普通员工都有义务遵循伦理守则的规定。不仅如此,企业伦理守则还可能包含对分销商、承包商等合作者的道德要求,一些守则甚至还涉及到员工的亲友、利益相关人等。伦理守则涉及的内容越全面、适用的范围越广,所起到的规范企业行为的作用就越大,也就越有效。第五,伦理守则具体可操作程度,因为不具有操作性的伦理守则只能起到一种装饰作用而已。而要制定操作性强的伦理守则,应遵循以下两条原则,一是详细明确、尽量避免出现模棱两可、意义不清的表述并且量化伦理守则的规定标准;二是联系实际,不同行业有着各自不同的特点,不同企业也有着各自不同的实际情况,千篇一律、照搬硬套的伦理守则不可能在所有企业中都充分发挥作用,因此每个企业都应该根据自身的实际情况制定适合自己的伦理守则。第六,领导者和管理者对企业伦理守则实施的支持力度。领导者的态度对于企业任何一项规章制度的执行都是非常重要的,伦理守则也不例外。企业高层领导的言行体现的是企业领导层对伦理守则的态度,也是企业对员工所提出的要求的一种示范,对企业伦理守则的执行有着重要的意义。首先,企业最高领导层实施伦理守则的决心对于实施效果起着决定性的作用。只有最高领导层真正把伦理守则作为企业健康发展所必需的一项政策,确确实实要将伦理守则贯彻到实际经营中去指导企业和员工的行为,伦理守则才能真正发挥作用;其次,领导者要带头遵循伦理守则,起到示范作用。若伦理守则只要求普通员工遵循,而对领导者没有任何约束力,那么执行伦理守则就变得十分艰巨。第七,企业其他制度对企业伦理守则的保障力度。企业是一个复杂的系统,任何规章制度要在企业中独自存在并发挥作用几乎是不可能的,伦理守则由于其涉及面广,就更需要其他制度的支持和保障。伦理守则不能与企业其他的规章制度在规定和要求上存在冲突,否则会使员工无所适从,导致两种规章制度的约束力均遭到破坏。

其二,进行系统的切实可行的伦理培训:伦理培训和指导可以提高员工的道德意识、道德判断、道德选择,促进道德行为的发生。韦伯(1990)认为伦理培训有利于提高道德推理的能力,从而提高员工道德决策的技巧和能力。企业伦理培训的最大目标是促成全体成员形成共同的道德认识、道德情感、道德信仰和道德习惯,以增强企业的向心力和凝聚力。基兰(1990)总结伦理培训的目标是认识道德决策的环境,理解组织文化和价值观,评价道德决策对组织的影响。因此,企业应该根据组织实际需求通过伦理培训达到以下一些目标:(1)帮助员工了解道德决策过程;(2)帮助员工评估道德的优越性;(3)提供处理违反道德规范的方式;(4)使员工能够依据公司政策处理道德问题;(5)提高对道德问题的敏感度;(6)提高员工的道德考虑;(7)通过道德的支持系统和伦理守则等促进伦理气氛的形成。具有强道德文化的组织会减少道德风险和法律风险,从而使企业产生道德行为,因为组织员工的一切活动和决策都以较高的道德标准为准绳。伦理培训的对象应该是企业内部各个层次的全部员工,包括各级管理人员和基层员工,特别是高层管理人员尤其要接受企业伦理培训。因为企业的决策行为大多是由企业的高层管理人员做出,只有做出符合道德规范的决策才可能使企业产生一系列的道德行为。企业在实施伦理培训过程中应该避免以下一些错误:第一,没有设定现实的、合理的并且是可测量的伦理培训目标;第二,没有高层管理者对伦理培训项目负责,如果伦理培训没有得到最高领导者的认同,伦理项目就缺少了可信度;第三,实施了不符合大多数员工要求的伦理培训内容;第四,伦理培训中涉及过多的道德领域,对太多的道德问题进行阐述。员工并不能吸收过多道德领域里的众多信息,而且并不是所有员工都需要进行大而全的所有道德领域的伦理培训。真正可执行的伦理培训应该根据参加人员的工作要求和岗位要求制定相应的伦理培训内容。因此,伦理培训的内容应该根据培训的对象不同而有所差异,而且需要根据企业在不同发展阶段对道德水平不同的追求进行更新和有针对性。

其三,建立奖惩系统以支持道德行为:在一个组织内人们总是做那些会得到奖励的事情而避免做那些会受到惩罚的事情。利用奖惩制度也许是一种促进道德行为的有效方式。即奖励那些通过和企业价值观一致的方式完成目标的员工,同样也意味着惩罚那些违反规则的任何层次的员工。管理者通过奖励道德行为和惩罚不道德行为来支持组织的制度和规则。这种行为向员工传达一个信号即员工如何为道德负责任、管理者如何通过行动来表示支持等等。正式和非正式的奖励都会加强道德行为的发生。非正式奖励是指来自上级领导者个人或者其他领导者的信任、自主安排工作的计划、同组织其他层次员工交流的机会、从事特殊工作的机会等等。实质上对于那些符合道德标准的下属,领导者更加信任和尊敬并且给予发展的机会。通过建立与道德价值观相一致的奖励体系来强调重要价值观和道德规范的重要性,正式奖励包括各种财务奖励和组织职位的提升等。及时对道德行为进行奖励和对不道德行为进行惩罚,会加强组织员工对组织在道德方面的要求的认识,把组织的伦理价值贯彻到自己的日常工作活动中,逐渐使个人的伦理价值观和组织的伦理价值观达成一致。

其四,道德决策机制的建立:所谓道德化的决策机制是指在组织日常的管理决策中考虑道德方面的要求和责任。组织管理者作某项决策并非一蹴而就,而是要综合分析管理中面临的各种问题,权衡各方面的利益得失,有针对性地提出几套备选方案,经过对备选方案的评估选取最佳一套予以实行。为了保证决策合乎伦理,建议决策者对决策方案进行伦理方面的分析、检测,其检测内容大致分为三组:第一组检测着重考虑利益相关者,我国学者周祖城教授认为应该考虑以下问题即(1)谁是你现行的利益相关者?(2)谁是你潜在的利益相关者?(3)利益相关者想从你那里获得什么?(4)你想从利益相关者那里获得什么?(5)决策会带给利益相关者多大利益或伤害?(6)利益相关者受到损害可能采取的行动?(7)可能采取行动对利益相关者的影响力有多大?(8)企业对利益相关者承担哪些经济的、法律的、道德的责任?第二组检测着重检验企业道德决策的几个问题即(1)你准确地确定了问题吗?(2)如果站在对方的立场上,你将如何确定问题?(3)这种情况首先发生时会是怎样?(4)作为一个人和作为公司的一员,你对谁和对什么事表现忠诚?(5)在制定决策时,你的意图是什么?(6)这一意图和可能的结果相比如何?(7)你的决策或行动可能伤害谁?(8)在你作决策前,你能和受影响的当事人讨论问题吗?(9)你能自信你的观点在长时间内将和现在一样有效吗?(10)你的决策或行动能问心无愧地透露给你的上司、首席执行官、董事会、家庭或整个社会吗?(11)如果你的行为为人了解,那么它的象征性潜力是什么?如果被误解了,又该如何?(12)在什么情况下,你将允许发生意外?第三组检测考虑相应的法律规范和组织长远利益即(1)决策合法吗?(2)决策符合社会倡导的伦理规范吗?(3)决策能为利益相关者所接受吗?(4)决策符合企业长远经济利益吗?(5)决策能使你感到非常自豪吗?等等。如果不在企业日常管理决策中融入道德思考和道德评价,那么企业的伦理培训只是流于形式,纸上谈兵而已。

其五,领导者设立行为榜样和伦理机构的设立:领导行为是传达期望、价值观和基本假设等文化和组织气氛内容的重要途径。领导为道德行为设立了榜样并且他们的行为影响着其追随者的道德行为和组织伦理气氛的形成(安德鲁斯 1989;沃特斯和玻德 Waters & Bird,1987)。实证研究表明,领导的角色模型作用对员工的道德行为具有重要的作用,特别是直接上级和管理者的行为(法尔肯伯格和埃勒曼,1995;波斯纳和施审特 Posner & Schmidt,1984)。社会学习理论为领导行为影响员工的道德行为提供了理论基础。个人学习方式之一就是观察他人的行为和行为后果(班杜拉,

1986)。如果被观察到的行为产生好的效果，那么在合适的场合下，观察者也会做出这种行为。因此，员工视领导者的行为为可接受的行为标准。角色模型通过两种途径间接影响组织伦理气氛：增加对领导者的信任和推动价值观的一致性。做出和组织价值观相一致行为的领导者更加获得员工的信赖。豪斯和沙米拉(House & Schamir,1993)提出角色模型是具有魅力影响的领导者向员工传达与组织目标和远景相关的价值观的一种机制。通过角色模型，领导者的行为不仅激活了其追随者内在的价值观，而且为其追随者的行为设立了一套恰当的规范。同样，角色模型传达的对组织很重要的价值观，有助于改变员工的个人价值观，使员工和组织在伦理价值观上更加匹配。因此，领导者应该公开赞同并强烈表示对道德行为的认同，而且组织最高领导层最好亲自负责组织道德建设和各项伦理项目的实施。西方许多企业组织设立了专门的机构负责企业道德建设，例如伦理主管、伦理委员会和伦理办公室等等，而且这些伦理负责机构的职位大多由企业的高层管理者担任。

第七章　企业伦理气氛与不道德行为关系研究[①]

一、研究目的

本章研究的主要目的在于探讨企业伦理气氛的不同维度与不道德行为的关系，对前文提出的假设进行检验和修正。

二、研究方法

本章分别利用相关分析、多元回归分析和结构方程分析对企业伦理气氛各维度与不道德行为的关系进行分析。其中相关分析和多元回归分析采用 SPSS12.0 软件工具实现，结构方程分析采用 LISERL8.7 软件工具实现。

三、企业伦理气氛与不道德行为关系的相关分析

根据本文对企业伦理气氛与不道德行为的理论分析，得出利己主义的企业伦理气氛与不道德行为呈负相关关系，遵循法律制度的企业伦理气氛和遵循道德规范的企业伦理气氛与不道德行为呈正相关关系。

利用本次的调查数据，对企业伦理气氛的三个维度和不道德行为进行相关分析，分析结果请见表 7-1：

① 此部分相关内容已于《软科学》(2006 年第 4 期)正式发表。

表 7-1 企业伦理气氛的三个维度与不道德行为的相关系数

		遵循道德规范的伦理气氛	遵循法律制度的伦理气氛	利己主义的伦理气氛
不道德行为	PearsonCorrelation	－.331(＊＊)	－.334(＊＊)	.293(＊＊)
	Sig. (2-tailed)	.000	.000	.000

＊＊Correlationissignificantatthe0.01level(2-tailed).

企业伦理气氛与不道德行为的相关系数表显示：不道德行为与遵循道德规范的企业伦理气氛、遵循法律制度的企业伦理气氛、利己主义的企业伦理气氛的相关系数分别为：－0.331、－0.334、0.293，显著性水平均为0.00，小于0.01显著性水平，说明显著性极高；相关系数表说明遵循道德规范的企业伦理气氛和遵循法律制度的企业伦理气氛与不道德行为有明显的负相关关系，利己主义的伦理气氛与不道德行为有显著的正相关关系，这说明如果企业存在比较强的遵循道德规范的伦理气氛或者比较强的遵循法律制度的伦理气氛，不道德行为出现就比较少；但如果企业存在比较强的利己主义的伦理气氛，则不道德行为就相应地增加很多。

四、企业伦理气氛与不道德行为关系的回归分析

下面部分运用回归分析对企业伦理气氛的各维度与不道德行为的关系进行进一步分析。

企业伦理气氛与不道德行为的相关性回归模型为：

$$BDDXW=\alpha+\beta_1 ZSDD+\beta_2 ZSFL+\beta_3 LJZY+\varepsilon$$

其中BDDXW代表企业中发生的不道德行为，ZSDD代表遵循道德规范的企业伦理气氛，ZSFL代表遵循法律制度的企业伦理气氛，LJZY代表利己主义的企业伦理气氛。此回归模型探讨企业伦理气氛是否对不道德行为产生影响以及企业伦理气氛的三个维度：遵循道德规范的伦理气氛、遵循法律制度的伦理气氛和利己主义的伦理气氛对不道德行为的作用强度。对数据进行分析的结果见表7-2a和表7-2b所示。

从表7-2a可以看出，回归方程的F检验为25.571，显著水平为0.000，其显著水平小于0.001的显著水平，说明自变量和因变量确实存在回归关系，即遵循道德规范的企业伦理气氛、遵循法律制度的企业伦理气氛、利己主义的企业伦理气氛与不道德行为存在回归关系。从表7-2b可以看出，遵

循道德规范的企业伦理气氛、遵循法律制度的企业伦理气氛和利己主义的企业伦理气氛标准化回归系数即回归方程中的 β 值，β_1、β_2、β_3 分别为 −0.195、−0.225、0.192，其显著水平都小于 0.05，所以回归项均通过了显著性检验，表明企业伦理气氛的三个维度对不道德行为的产生都有影响。其中，利己主义的企业伦理气氛与不道德行为呈正方向影响，即如果利己主义的企业伦理气氛越强，越容易产生不道德行为。遵循道德规范的企业伦理气氛和遵循法律制度的企业伦理气氛与不道德行为呈负方向影响，即如果遵循道德规范的企业伦理气氛或者遵循法律制度的企业伦理气氛越强，不道德行为产生的概率越小。通过对回归系数的比较，可以得出遵循法律制度的企业伦理气氛对不道德行为的影响最强，遵循道德规范的企业伦理气氛对不道德行为的影响次之，利己主义的企业伦理气氛对不道德行为的影响最小。

表 7-2a　企业伦理气氛与不道德行为的回归方程检验结果

回归方程模式		平方和	自由度	平均平方和	F 检验	显著水平
1	回归	62.354	3	20.785	25.571	.000
	残差	256.044	315	.813		
	总和	318.398	318			

预测变量(常数)：利己主义伦理气氛，遵循法律制度伦理气氛，遵循道德规范伦理气氛

因变量：不道德行为

表 7-2b　企业伦理气氛与不道德行为的回归系数结果

回归方程模式		未标准化系数		标准化系数	T 值	显著水平	共线性统计量	
		B 的估计值	标准误差	Beta 值			允差	VIF 值
1	（常数）	3.850	.353		10.921	.000		
	1.216	遵循道德规范伦理气氛	−.197	.056	−.195	−3.500	.001	.823
	1.167	遵循法律制度伦理气氛	−.279	.068	−.225	−4.115	.000	.857
	1.100	利己主义的伦理气氛	.175	.048	.192	3.626	.000	.909

因变量：不道德行为

通过对企业伦理气氛三个维度与不道德行为的回归分析,我们验证了本文前面的三个假设:利己主义的企业伦理气氛越强,越容易产生不道德行为;遵循道德规范的企业伦理气氛越强,不道德行为产生的概率越小;遵循法律制度的企业伦理气氛越强,不道德行为产生的概率越小。

通过比较遵循法律制度的企业伦理气氛和遵循道德规范的企业伦理气氛对不道德行为的回归系数可以得出,遵循法律制度的企业伦理气氛对不道德行为的影响比遵循道德规范的企业伦理气氛对不道德行为的影响更强,即以遵循法律制度的伦理气氛为主导的企业比以遵循道德规范的伦理气氛为主导的企业出现的不道德行为概率要小。这种结论没有验证本文提出的一个假设,即本文根据理论推导得出遵循道德规范的企业伦理气氛对不道德行为的影响比遵循法律制度的企业伦理气氛对不道德行为的影响更强,即以遵循道德规范伦理气氛为主导的企业应比以遵循法律制度伦理气氛为主导的企业出现不道德行为的概率更低。因为从理论上而言,法律制度也是道德规范的一种,遵循法律制度是遵循道德规范的前提,如果企业遵循了道德规范,从理论上讲,同时也应该遵循了法律制度;但遵循法律制度的企业并不一定都遵循了道德规范,因为法律制度有其局限性和滞后性,很多道德规范并没有作为法律制度规定下来,成为法律的空白区,所以遵循法律制度的企业不一定遵循了道德规范,有时会违背某些没有成为法律制度的那些道德规范。实证研究的结果没有支持这个假设,除了样本取样的原因,可能还因为现在中国经济正处于转型期,我国企业在经济活动中,还没有出现统一的得到普遍认可的道德规范价值观体系。这种局面导致了有的企业奉行的道德价值观可能就是错误的,并不是真正意义上的道德规范,所以更容易产生不道德行为。转型期道德价值观的模糊性使得以遵循道德规范伦理气氛为主导的企业比以遵循法律制度伦理气氛为主导的企业产生不道德行为的概率更大。因为法律制度比道德规范更具有明确性和清晰性,这或许是这次数据调查在这个假设方面显示出不同结果的主要原因之一。

五、企业伦理气氛与不道德行为关系的结构方程分析

下面部分,本文使用 LISREL 结构方程分析方法对企业伦理气氛与不道德行为的关系进行研究。在国外各专业期刊上的实证研究报告中,20 世纪 80 年代所采用的统计方法主要是差异检验、相关分析和因素分析等传统

方法，90年代后多元回归分析、路径分析等较复杂的方法开始占据主流，而今结构方程模型（structure equation modeling，简称SEM）作为一种复杂的多变量关系研究的主要方法开始在社会科学和行为科学的研究中广泛应用。结构方程模型分析手段相对于过去的统计分析方法，存在以下优点（博伦和龙恩 Bollen & Long，1993）。

首先，它可以同时处理多个因变量。以往在回归分析或路径分析中，就算统计结果的图表中展示多个因变量，其实在计算回归系数或路径系数时，仍是对每个因变量逐一计算，所以图表貌似多个因变量同时考虑，但在计算对某一个因变量的影响或关系时，都忽略了其他因变量的存在及其影响。

其次，它没有严格的假定和限制条件，可以同时允许自变量和因变量存在测量误差，这对于诸如个体心理、态度类变量来说尤为关键，因为这些结构变量的观测变量总是包含着大量的测量误差，而这些误差会导致对常规的回归模型参数估计产生偏差。

再次，它可以同时估计因子结构和因子关系。假设要了解潜变量之间的相关，每个潜变量都是用多个指标或题目测量，一个常用的做法是对每个潜变量，先用因子分析计算潜变量（即因子）与题目的关系（即因子负荷），进而得到因子得分，作为潜变量的观测值，然后再计算因子得分的相关系数，作为潜变量的相关系数，这是两个独立的步骤。而在结构方程分析时，这两步却是同时进行，即因子与题目之间的关系和因子与因子之间的关系同时考虑。

最后，它可以同时估计整个模型的拟合度。在传统路径分析中，我们只估计每一路径（变量间关系）的强弱。在结构方程分析中，除了上述参数的估计外，我们还可以计算不同模型对同一样本数据的整体拟合程度，而判断哪一个模型更接近与数据所呈现的关系，即检查所有因果关系模型中，哪一个模型与观测变量是最优的拟合，从而确定变量之间最佳的关系和路径。

当然，结果方程模型本身还是有一定缺陷的，比如它在模型设定、模型拟合、拟合检验以及对结果的解释等方面都还存在或多或少的问题，不能准确提出有说服力的因果模型；在模型设定与模型识别过程中所作的比较可能有损于最初的理论假设；可能没有充分的定性和定量数据以保证模型的拟合等等。结构方程模型只是一种研究思路，一种统计方法，要恰当地使用它还必须依赖于正确的理论构想，这是研究的前提条件。而且，研究要得到科学的结论就必须有正确的理论构想，结构模型只能在理论构想的前提下去说明关系，而不能通过它来发现事物之间的因果关系。

根据理论假设，遵循道德规范的企业伦理气氛和遵循法律制度的企业伦理气氛与不道德行为呈负相关关系，即如果遵循道德规范的企业伦理气氛或者是遵循法律制度的企业伦理气氛越强，不道德行为产生的概率就越小，而且遵循道德规范的企业伦理气氛比遵循法律制度的企业伦理气氛对不道德行为的影响更强，也就是说以遵循道德规范伦理气氛为主导的企业比以遵循法律制度伦理气氛为主导的企业更不容易产生不道德行为；而利己主义的企业伦理气氛与不道德行为呈正相关关系，即如果利己主义的企业伦理气氛越强，不道德行为就越容易发生。在对企业伦理气氛三个维度与不道德行为关系进行相关分析和回归分析中，大部分假设得到支持，只有其中一个假设即遵循道德规范的企业伦理气氛比遵循法律制度的企业伦理气氛对不道德行为的影响更强没有得到数据的支持。由于相关分析和回归分析存在的缺陷，在本部分对企业伦理气氛与不道德行为关系的相关假设作进一步的结构方程分析。

根据前面章节的假设陈述，得出企业伦理气氛与不道德行为的结构方程路径图，请见图 7-1。

在此结构方程里有三个潜变量 ξ，即 ZSDD（遵循道德规范的企业伦理气氛）、ZSFL（遵循法律制度的企业伦理气氛）、LJZY（利己主义的企业伦理气氛）；一个潜变量 η，即 BDDXW（不道德行为）。此结构方程共有 12 个观测变量 x，8 个观测变量 y。其中 x_1、x_2、x_3、x_4、x_5 用来测量 ZSDD 这个潜变量；x_6、x_7、x_8、x_9 用来测量 ZSFL 这个潜变量；x_{10}、x_{11}、x_{12} 用来测量 LJZY 这个潜变量。潜变量 BDDXW 用 8 个观测变量 y 来测量。

表 7-3 报告了对企业伦理气氛与不道德行为关系进行结构方程分析得出的拟合指数结果。从表中可以看出，RMSA 为 0.076，小于 0.08 的水平。NFI 为 0.84，NNFI 为 0.87，CFI 为 0.89，GFI 为 0.87，AGFI 为0.84，均大于 0.8 的水平。整体而言，模型的拟合度较好，图 7-2 为相应的路径系数图。以上结构方程分析结果支持了企业伦理气氛与不道德行为关系的相关假设：利己主义的企业伦理气氛影响不道德行为的发生，且是呈正相关关系；遵循法律制度的企业伦理气氛影响不道德行为的发生，且是呈负相关关系；遵循道德规范的企业伦理气氛影响不道德行为的发生，且是呈负相关关系。

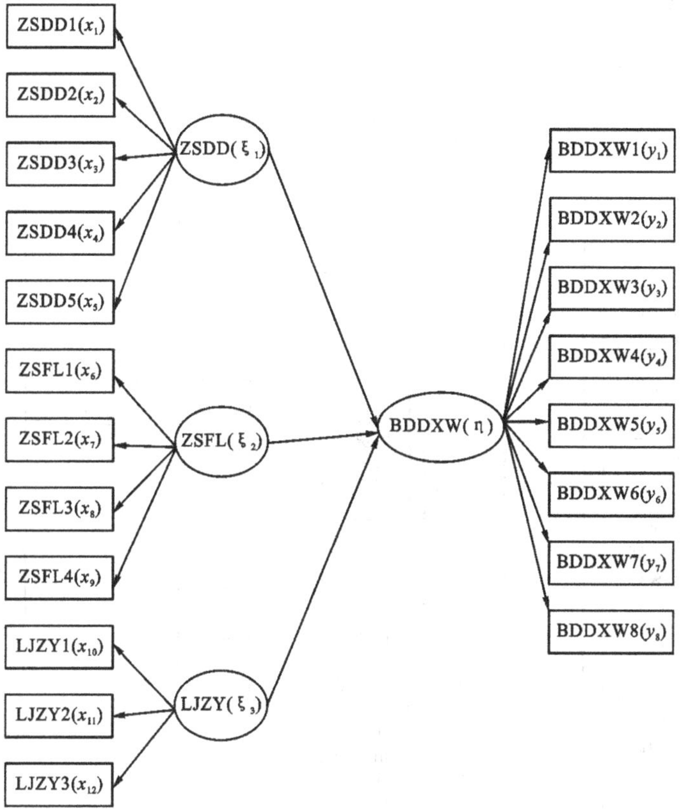

图 7-1　企业伦理气氛与不道德行为的路径分析图

表 7-3　路径分析的拟合指数表

Chi^2	df	Chi^2/df	RMSEA	NFI	NNFI	CFI	GFI	AGFI
445.28	164	2.72	0.076	0.84	0.87	0.89	0.87	0.84

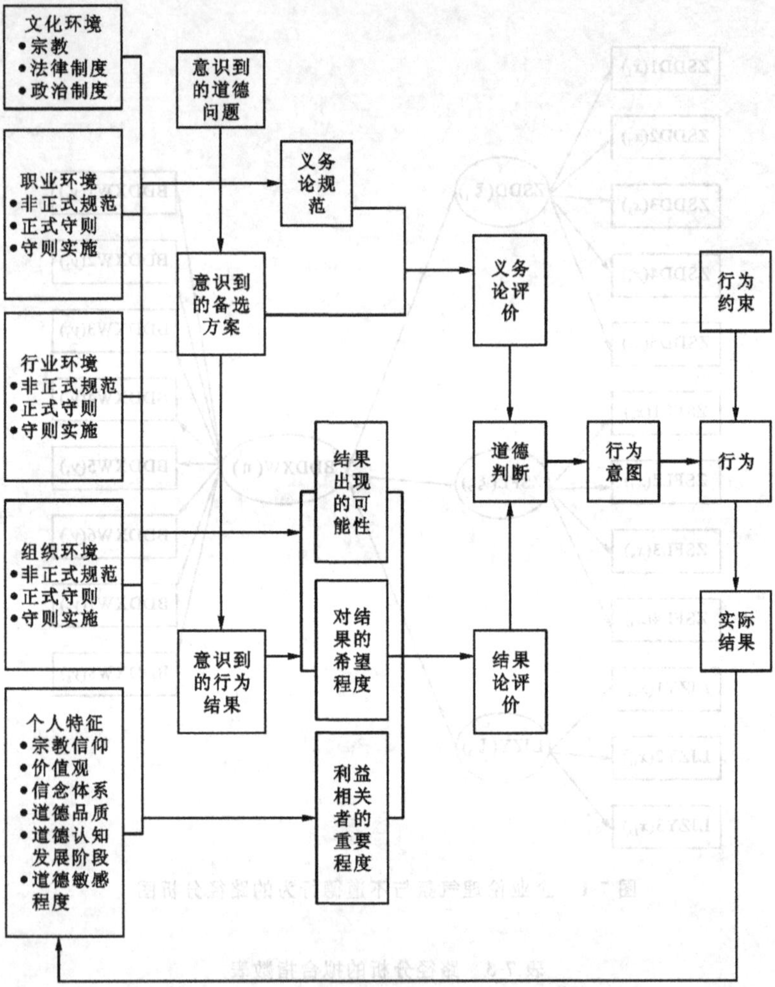

图 7-2 企业伦理气氛对不道德行为的影响

六、主要结论及对管理的启示

(一)本章结论小结

本章通过对企业伦理气氛与不道德行为关系进行相关分析、回归分析和结构方程分析,得出以下几个观点。

(1)利己主义的企业伦理气氛与不道德行为呈正相关关系,而且利己主义的企业伦理气氛与不道德行为存在回归关系，即企业越以利己主义伦理气氛为主导，那么就越容易出现不道德行为。

(2)遵循法律制度的企业伦理气氛与不道德行为呈负相关关系，而且遵循法律制度的企业伦理气氛与不道德行为关系存在回归关系，即企业越以遵循法律制度气氛为主导，那么就越不容易产生不道德行为。

(3)遵循道德规范的企业伦理气氛与不道德行为呈负相关关系，而且遵循道德规范的企业伦理气氛与不道德行为关系存在回归关系，即企业越以遵循道德规范气氛为主导，那么就越不容易产生不道德行为。

(4)遵循法律制度的企业伦理气氛对不道德行为的影响比遵循道德规范的企业伦理气氛对不道德行为的影响要大，即以遵循法律制度伦理气氛为主导的企业比以遵循道德规范伦理气氛为主导的企业发生不道德行为的概率要小。

(二)本章结论对企业管理的启示

整体而言，企业伦理气氛影响着不道德行为的产生。如果企业要减少企业及其员工不道德行为的产生，需要形成以遵循道德规范或以遵循法律制度为主导的伦理气氛，减少利己主主义伦理气氛的形成。这是因为遵循道德规范的伦理气氛和遵循法律制度的伦理气氛产生更少的不道德行为，而利己主义的伦理气氛会带来相对多的不道德行为。并且就企业发展而言，利己主义的伦理气氛也不利于企业的长远利益和长远发展，而遵循道德规范的伦理气氛和遵循法律制度的伦理气氛有助于企业的持续发展和长远利益的获得，其内在根源在于以下方面。

1. 以利己主义伦理气氛为主导的企业

具有以利己主义伦理气氛为导向的企业无疑是最关注利益的，因为企业判断不道德行为的标准是利己主义标准，即看行为结果是否有利于企业利益或自身利益，如果是就是道德的行为，如果不是就是不道德行为。但是这种利己主义的伦理气氛，也存在着防碍企业最大限度地获得利益，尤其是长远利益的因素。其一，具有利己主义伦理气氛为主导的企业往往是短期导向。虽然不排除一些企业奉行长短期利益平衡策略，甚至倾向于追求长远利益，但一般地说，奉行自利导向策略的企业很难抵挡短期利益的诱惑，偏向短期利益的倾向更为典型。其二，机会损失。具有利己主义伦理气氛为主导的企业由于更多地考虑自身利益，而较少地考虑利益相关者的利益，故较难真正获得顾客满意、员工忠诚、合作者信任、公众信赖，而顾客满意、员工忠诚、合作者信任、公众信赖已被证明对企业提高竞争力有十分重要的作用。所以,至少可以说,这样的企业失去了从这些方面提高竞争力的机会。其三,决策失误。由于具体决策是遵循道德规范和法律制度有利,还是违背道德规范和法律制度有利,很难判断,难免会失误,从而遭受重大损失。其四,成本提高。随着法制的完善,舆论监督力度的加强,信息技术的发展,公众的道德意识和自我保护意识的增强,使得违法和不道德行为的成本不断提高。其五,精力分散。把注意力放在估计可能的后果,并通过拉关系、打官司摆平问题上,实际上也是有成本的,一方面占用了开发新产品、提高效率、降低成本、改善服务的时间和精力,更为关键的是,削弱了改善这些方面工作的动力与压力,放松了这些工作,结果又进一步依赖于拉关系等手段,形成一种恶性循环。

2. 以遵循法律制度伦理气氛为主导的企业

本次的实证研究结果表明,具有以遵循法律制度伦理气氛为主导的企业最能减少不道德行为。这是因为遵循法律制度的伦理气氛以是否遵循了法律制度来判断行为的道德性,如果违反了法律制度,则此行为为不道德行为;如果遵循了法律制度,则此行为为道德行为。并且我国处于经济转型期和经济高速发展期,原有的道德规范体系不存在了,而新的道德规范并没有形成,因此企业并没有一个统一的得到大家一致认同的道德规范体系可遵循。而法律制度的清晰性使得遵循法律制度伦理气氛的企业更少地产生不道德行为。但是遵循法律制度伦理气氛的企业并不是就不会产生不道德行为了,这是因为法律制度只规定了什么是不应该的、禁止的,而没有指明什么是应该的、值得鼓励的。我们可以把各种行为大致分为三类:(1)不应该的、禁止的行为;(2)既不禁止、也不鼓励的行为;(3)应该的、鼓励的行为。例如,生产假冒伪劣产品是不应该的、禁止的,但生产质量平平的产品难道就是应该的、鼓励的吗?显然不是。同理,“暴利”是禁止的,“价廉物美”是鼓励的,在“暴利”与“价廉物美”之间,则属于既不禁止,也不鼓励的部分。一个企业如果奉行“只要守法就行了”的原则,就不大可能去积极从事那些“应该的”、“鼓励的”行为,实际上也就等于放弃了对卓越的追求。哈佛大学教授琳·夏普·佩尼说得好:“法律不能激发人们追求卓越,它不是榜样行为的准则,甚至不是良好行为的准则。那些把伦理定义为遵循法律的管理者隐含着用平庸的道德规范来指导企业。”仅仅遵循法律不大可能激发员工的责任感、使命感,不大可能赢得顾客、供应者、公众的信赖及支持。因而,也就不大可能取得卓越的成就。

3. 以遵循道德规范伦理气氛为主导的企业

以遵循道德规范伦理气氛为主导的企业是最能获得长远利益的发展和持续竞争力的提高的，这是因为企业以是否遵循了道德规范为行为的判断标准，即如果遵循了道德规范则行为就是道德的行为；如果违反了道德规范则行为就是不道德的行为。虽然遵循道德规范有时需要以牺牲利益为代价，特别是眼前利益。但就长远看，是有利于企业的发展的。这是因为，企业经营的成功离不开利益相关者的支持，以遵循道德规范伦理气氛为主导的企业容易得到利益相关者的认同。其一，员工的认同和忠诚。这是因为企业超越自身利益的企业使命和目的吸引着新员工的加入；管理者出色的才能和高尚的品德能产生吸引员工的个人魅力，在员工中树立起较高的威望，从而激发起员工的工作热情；对员工的尊重和关心形成了信赖、公平等良好的氛围，使员工工作更加勤奋。在当今知识经济时代，吸引富有创造性的、精力充沛的员工并培养他们的能力已经成为当务之急。一家公司如果没有富于想象力的、勤奋的员工，就不可能维持其革新能力，并进而在飞速变化的环境中保持竞争力。管理者也越来越清楚地认识到，大多数人在充满信任、责任和抱负的环境中能够取得最出色最富创造性的成果，而这种环境只有在诚实、信赖、公平和尊重等价值观的基础上才能建成。其二，顾客满意度提高。以遵循道德规范伦理气氛为主导的企业充分地考虑到顾客的利益，为了顾客的利益而提高自身的产品质量和服务质量。为顾客着想意味着站在顾客的立场上研究和设计产品，了解顾客需求、引导顾客需要、满足顾客需要。为顾客着想，就不会把提高质量仅仅看做是增加利润的手段，而是企业对顾客应尽的义务，这样才会自觉抵制利益的诱惑，不做假冒伪劣、以次充好、偷工减料的事情，真正把质量当回事。为顾客着想，就不会漫天要价，而是通过想方设法降低成本，既给顾客带去实惠又给企业创造利润。为顾客着想，才会尊重顾客，真诚地为顾客服务，解除他们的后顾之忧；并且一个很好地承担了社会责任的企业会吸引更多的顾客。其三，投资者青睐。投资者更愿意把资金投向有社会责任感的企业。研究表明，有社会责任感的企业有更好的经营业绩和更多的投资回报。而投资者的青睐，又进一步加强了这些企业的实力，促进其成长。其四，供应者信任。资金、原材料、零部件供应者愿意与信得过的企业打交道。因为与这些企业做生意，风险低，效率高，诚实守信、互利互惠是赢得信任的基础。其五，社会公众的支持。社会公众痛恨那些侵害公众利益的企业，只有企业在追求经济利益的同时，也追求更高的道德层次，才会得到广大公众的赞誉。

因此企业的管理者应该根据企业现阶段的发展实际需要，确定企业的道德目标和道德追求，形成有利的伦理气氛，减少不道德行为的发生，谋求企业的长期发展。

第八章　我国企业伦理气氛状况及不道德行为差异研究[①]

一、研究目的

本章研究的主要目的在于比较不同类型的企业中，其企业伦理气氛是否表现出显著的差异，为企业的道德建设提供参考依据。

二、研究方法

单因素方差分析(one-wayANOVA)，采用 SPPSS12.0 统计软件工具实现，在此基础上进行分析与讨论。

三、实证过程

(一)处于不同发展阶段企业的伦理气氛状况及不道德行为差异比较

按总样本中的企业不同发展阶段分布特点，将其分为四个子样本，分别是：初创期的企业，样本量为 27 个，占 8%；发展期的企业，样本量为 148 个，

---

① 此部分相关内容已于《科学学研究》(2007 年第 4 期)正式发表。

占 46%；成熟期的企业，样本量 124 个，占 40%；衰退期的企业，样本量为 20 个，占 6%。对比不同发展阶段的企业在企业伦理气氛和不道德行为方面上均值得分差异，可以看出不同发展阶段的企业在遵循道德规范的伦理气氛和遵循法律制度的伦理气氛两个方面的差异是非常显著的，显著性水平分别为 0.008 和 0.011(假定显著水平低于 0.1 为显著，低于 0.05 为非常显著)。不同发展阶段的企业在利己主义的伦理气氛和不道德行为方面的显著性检验结果表明显著水平均大于 0.1 的水平，故不同发展阶段的企业在这两方面并没有显著差异。其中各子样本在遵循道德规范企业伦理气氛方面的均值分别是：初创期为 3.0074，发展期为 3.0676，成熟期为 3.0177，衰退期为 2.2700；各子样本在遵循法律制度企业伦理气氛方面的均值分别是：初创期为 3.9630，发展期是 4.0203，成熟期是 4.1714，衰退期是 3.5500。以上数据详见表 8-1。

表 8-1 不同发展阶段的企业在企业伦理气氛和不道德行为方面的方差分析结果

	显著性检验		均值得分			
	F	Sig.	初创期	发展期	成熟期	衰退期
遵循道德规范的企业伦理气氛	3.975	.008	3.0074	3.0676	3.0177	2.2700
遵循法律制度的企业伦理气氛	3.776	.011	3.9630	4.0203	4.1714	3.5500
利己主义的企业伦理气氛	.307	.821	3.1605	3.3153	3.3790	3.3500
不道德行为	1.810	.145	2.6019	2.7120	2.6623	3.2000

进一步采用事后比较法对不同子样本的遵循道德规范伦理气氛和遵循法律制度伦理气氛两方面的均值进行多重比较，得出以下结果。

在遵循道德规范的企业伦理气氛方面，发展期的企业样本和衰退期的企业样本之间、成熟期的企业样本和衰退期的企业样本之间均存在显著差异。说明发展期的企业比衰退期的企业更具有遵循道德规范的伦理气氛；成熟期的企业比衰退期的企业更具有遵循道德规范的伦理气氛，即在不同发展阶段的企业中，处于衰退期的企业最不具有遵循道德规范的企业伦理气氛，结果见图 8-1a。

在遵循法律制度的企业伦理气氛方面，成熟期的企业样本和衰退期的企业样本之间存在显著差异，说明成熟期的企业比衰退期的企业更具有遵循法律制度的伦理气氛。从不同发展阶段的企业在遵循法律制度伦理气氛方面的均值连线图可知，企业从初创期、发展期到成熟期越来越具有遵循法律制度的伦理气氛，而到衰退期，遵循法律制度的伦理气氛就减少了。结果请见图 8-1b。

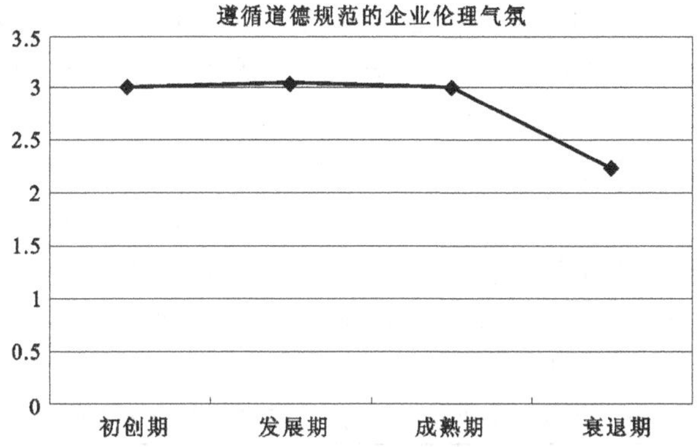

图 8-1a　不同发展阶段的企业在遵循道德规范伦理气氛方面的差异

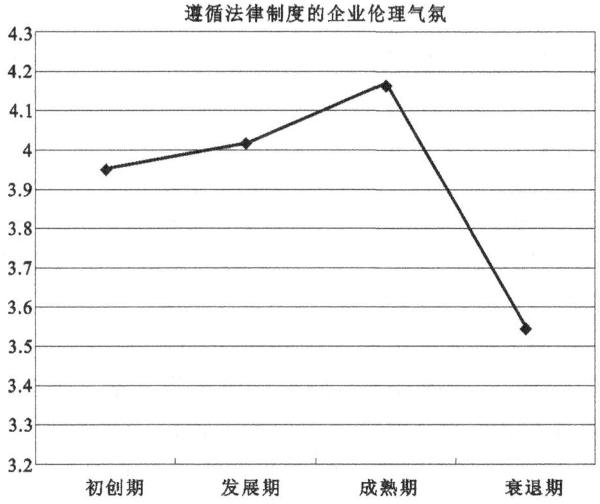

图 8-1b　不同发展阶段的企业在遵循法律制度伦理气氛方面的差异

（二）处于行业不同地位企业的伦理气氛状况及不道德行为差异比较

按总样本中的企业所处行业地位分布特点，将其分为三个子样本，分别是：处于行业领先的企业，样本量为 159 个，占 50%；处于行业中游的企业，样本量为 113 个，占 35%；处于行业追随的企业，样本量为 47 个，占 15%。对比处于行业不同地位的企业在企业伦理气氛和不道德行为方面上均值得分差异，可以看出处于行业不同地位的企业在遵循法律制度的伦理气氛和不道德行为两个方面的差异是非常显著的，显著性水平分别为 0.011 和 0.020。处于行业不同地位的企业在利己主义的伦理气氛和遵循道德规范的伦理气氛两方面的显著性检验结果表明显著水平均大于 0.1 的水平，故处于行业不同地位的企业在这两方面并没有显著差异。其中各子样本在遵循法律制度企业伦理气氛方面的均值分别是：处于行业领先地位的企业为 4.1730，处于行业中游地位的企业为 3.9558，处于行业追随地位的企业为 3.8245；各子样本在不道德行为方面的均值分别是：处于行业领先地位的企业为 2.5770，处于行业中游地位的企业为 2.7810，处于行业追随地位的企业为 3.0160；以上数据详见表 8-2。

表 8-2 不同行业地位的企业在伦理气氛和不道德行为方面的方差分析结果

	显著性检验		均值得分		
	F	Sig.	行业领先	行业中游	行业追随
遵循道德规范的企业伦理气氛	.793	.453	3.0629	2.9292	2.9106
遵循法律制度的企业伦理气氛	4.567	.011	4.1730	3.9558	3.8245
利己主义的企业伦理气氛	.257	.773	3.2851	3.3687	3.3830
不道德行为	3.955	.020	2.5770	2.7810	3.0160

进一步采用事后比较法对不同子样本的遵循法律制度伦理气氛和不道德行为两方面的均值进行多重比较，得出以下结果。

在遵循法律制度的企业伦理气氛方面，处于行业领先地位的企业样本和处于行业追随地位的企业样本之间均存在显著差异。从处于不同行业地位的企业在遵循法律制度伦理气氛方面的均值图可以看出，从处于行业追随地位的企业、处于行业中游地位的企业到处于行业领先地位的企业越来越具有遵循法律制度的伦理气氛，详见图 8-2a。

在不道德行为方面，处于行业领先地位的企业样本和处于行业追随地位的企业样本之间均存在显著差异。从处于不同行业地位的企业在不道德行为方面的均值图可以看出，不道德行为从处于行业追随地位的企业、处于行业中游地位的企业到处于行业领先地位的企业越来越少发生，详见图 8-2b。

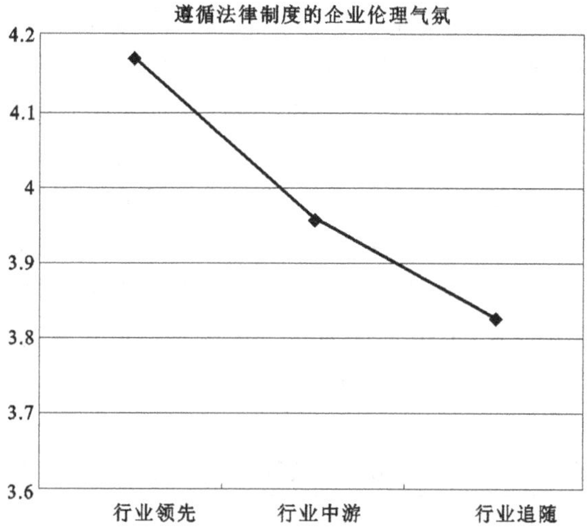

图 8-2a　不同行业地位的企业在遵循法律制度伦理气氛方面的差异

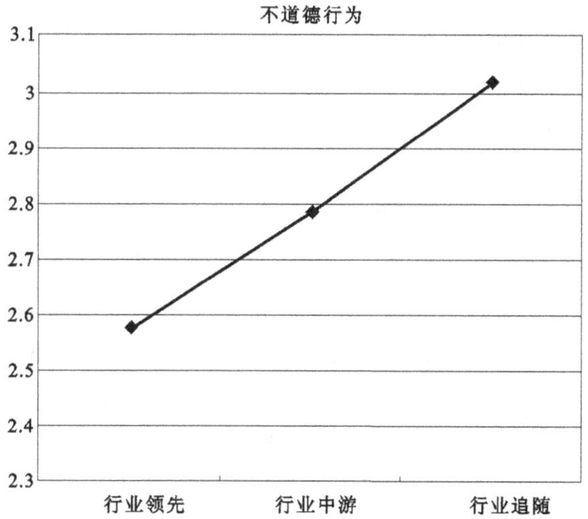

图 8-2b　不同行业地位的企业在不道德行为方面的差异

(三)上市企业与非上市企业的伦理气氛状况及不道德行为差异比较

按总样本中企业是否上市的分布特点，将其分为两个子样本，分别是：上市企业，样本量为 104 个，占 33%；非上市企业，样本量为 215 个，占

67%。对比上市企业和非上市企业在企业伦理气氛和不道德行为方面上均值得分差异,可以看出上市企业和非上市企业在遵循道德规范的伦理气氛、遵循法律制度的伦理气氛和不道德行为三个方面的差异是非常显著的,显著性水平分别为0.036、0.027和.005,其显著水平均小于0.05。上市企业与非上市企业在利己主义伦理气氛方面的显著性检验结果表明显著水平大于0.1的水平,故上市企业与非上市企业在这方面并没有显著差异。其中各子样本在遵循道德规范企业伦理气氛方面的均值分别是:上市企业为3.1596,非上市企业为2.9126;各子样本在遵循法律制度企业伦理气氛方面的均值分别是:上市企业为4.1875,非上市企业为3.9756;各子样本在不道德行为方面的均值分别是:上市企业为2.4904,非上市企业为2.8221,以上数据详见表8-3。

表8-3 上市企业与非上市企业在伦理气氛和不道德行为方面的方差分析结果

	显著性检验		均值得分	
	F	Sig.	上市企业	非上市企业
遵循道德规范的企业伦理气氛	4.416	.036	3.1596	2.9126
遵循法律制度的企业伦理气氛	4.918	.027	4.1875	3.9756
利己主义的企业伦理气氛	2.768	.773	3.1827	3.4000
不道德行为	7.869	.005	2.4904	2.8221

从上市企业与非上市企业在遵循道德规范伦理气氛和遵循法律制度伦理气氛的均值连线图可以看出,上市企业比非上市企业更具有遵循道德规范的伦理气氛和遵循法律制度的伦理气氛,分别见图8-3a和8-3b;从上市企业与非上市企业在不道德行为方面的均值连线图可以看出,非上市企业比上市企业从事不道德行为的次数更多,见图8-3c。

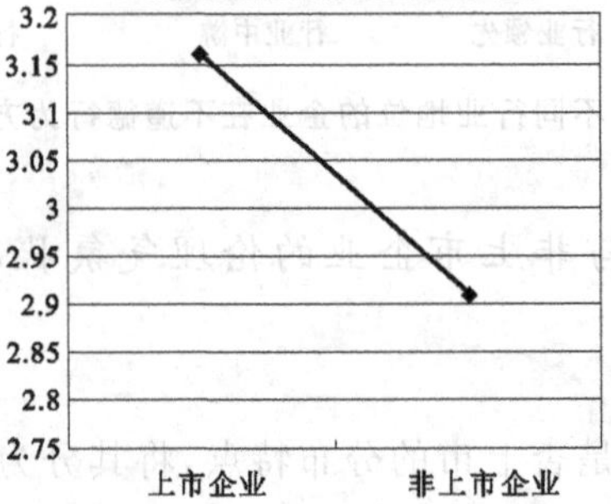

图8-3a 上市企业与非上市企业在遵循道德规范伦理气氛方面的差异

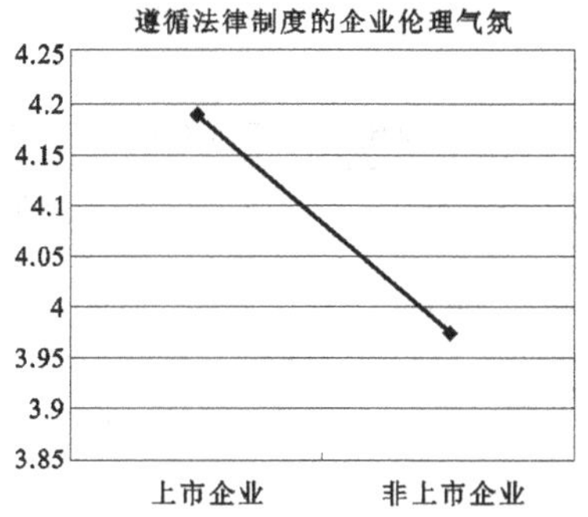

图 8-3b　上市企业与非上市企业在遵循法律制度伦理气氛方面的差异

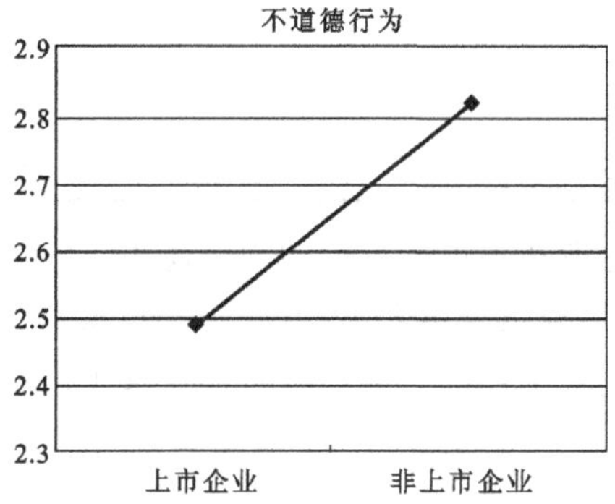

图 8-3c　上市企业与非上市企业在不道德行为方面的差异

(四)不同规模企业的伦理气氛状况及不道德行为差异比较

按总样本中的企业不同规模分布特点,将其分为五个子样本,分别是:50 人以下的企业,样本量为 53 个,占 17%;50—100 人的企业,样本量为 39 个,占 12%;100—200 人的企业,样本量 33 个,占 10%;200—500 人的企业,样本量为 44 个,占 14%;500 人以上的企业,样本量为 150 个,占 47%。对比不同规模的企业在企业伦理气氛和不道德行为方面上均值得分差异,可以看出不同规模的企业在不道德行为方面的差异是非常显著的,显著性水平为 0.08。不同规模的企业在遵循道德规范伦理气氛、遵循法律制度伦理气氛和利己主义伦理气氛三个方面的显著性检验结果表明显著水平均大于 0.1 的水平,故不同规模的企业在这三个方面并没有显著差异。其中各子样本在不道德行为方面的均值分别是:50 人以下的企业为 2.4906;50—100 人的企业为 2.6923;100—200 人的企业为 2.6894;

200—500 人的企业为 3.0710;500 人以上的企业 2.6992。以上数据详见表 8-4。

表 8-4 不同规模的企业在企业伦理气氛和不道德行为方面的方差分析结果

	显著性检验		均值得分				
	F	Sig.	50 人以下	50—100	100—200	200—500	500 人以上
遵循道德规范的企业伦理气氛	1.542	.190	3.1283	2.9795	3.0727	2.6682	3.0267
遵循法律制度的企业伦理气氛	1.918	.107	3.9623	3.9615	4.1591	3.8068	4.1400
利己主义的企业伦理气氛	1.096	.359	3.2264	3.5128	3.3939	3.5455	3.2400
不道德行为	2.108	.080	2.4906	2.6923	2.6894	3.0710	2.6992

从不同规模的企业在不道德行为的均值连线图可以看出,在 500 人以下的企业中,随着企业规模越来越大,企业发生不道德行为的次数是逐渐增多的。在所有规模的企业中,200—500 人的企业发生的不道德行为次数为最多。见图 8-4 所示。

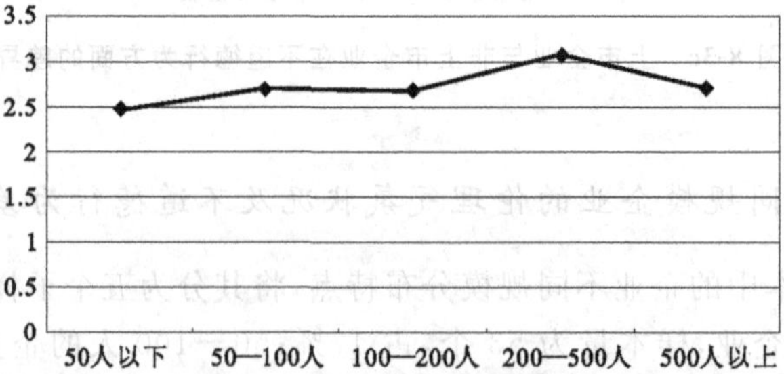

图 8-4 不同规模的企业在不道德行为方面的差异

(五)不同行业企业的伦理气氛状况及不道德行为差异比较

对不同行业企业的伦理气氛状况及不道德行为进行单因素方差分析,结果显示不同行业的企业在遵循道德规范的伦理气氛、遵循法律制度的伦理气氛、利己主义的伦理气氛和不道德行为等所有方面均没有通过检验,其显著性水平均大于 0.1,不具备显著性。所以不同行业对企业伦理气氛和不道德行为并没有显著影响。方差分析的结果如表 8-5 所示。

表 8-5 不同行业的企业在企业伦理气氛和不道德行为方面的方差分析结果

	显著性检验	
	F	Sig.
遵循道德规范的企业伦理气氛	.476	.826
遵循法律制度的企业伦理气氛	1.331	.243
利己主义的企业伦理气氛	.512	.799
不道德行为	.943	.465

(六)不同所有制结构企业的伦理气氛状况及不道德行为差异比较

按总样本中的企业不同性质分布特点，将其分为四个子样本，分别是：国有企业、民营企业、外资企业和合资企业。对比所有制结构不同的企业在企业伦理气氛和不道德行为方面上均值得分差异，可以看出所有制结构不同的企业在遵循法律制度的伦理气氛和利己主义的伦理气氛两个方面的差异是显著的，显著性水平分别为 0.001 和 0.097。所有制结构不同的企业在遵循道德规范的伦理气氛和不道德行为两个方面显著水平均大于 0.1 的水平，故在这两方面并没有显著差异。其中各子样本在遵循法律制度的伦理气氛的均值分别是：国有企业为 4.0951；民营企业为 3.7576；外资企业为 4.2548；合资企业为 3.9817；各子样本在利己主义伦理气氛的均值分别是：国有企业为 3.1087；民营企业为 3.5；外资企业为 3.4231；合资企业为 3.187。以上数据详见表 8-6。

表 8-6 所有制结构不同的企业在伦理气氛和不道德行为方面的方差分析结果

	显著性检验		均值得分			
	F	Sig.	国有企业	民营企业	外资企业	合资企业
遵循道德规范的企业伦理气氛	.388	.817	3.0565	2.9030	3.0250	2.8976
遵循法律制度的企业伦理气氛	4.554	.001	4.0951	3.7576	4.2548	3.9817
利己主义的企业伦理气氛	1.981	.097	3.1087	3.5000	3.4231	3.1870
不道德行为	1.686	.153	2.6495	2.9167	2.5709	2.7226

进一步采用事后比较法对不同子样本的遵循法律制度企业伦理气氛和利己主义企业伦理气氛两方面的均值进行多重比较得出，在遵循法律制度的企业伦理气氛方面，外资企业样本和民营企业样本之间均存在显著差异。

从处于所有制结构不同的企业在遵循法律制度伦理气氛方面的均值图可以看出，外资企业最具有遵循法律制度的伦理气氛，民营企业最不具有遵循法律制度的企业伦理气氛。详见图 8-5a。从处于所有制结构不同的企业在利己主义伦理气氛方面的均值图可以看出，民营企业最具有利己主义的伦理气氛，而国有企业最不具有利己主义的伦理气氛。详见图 8-5b。

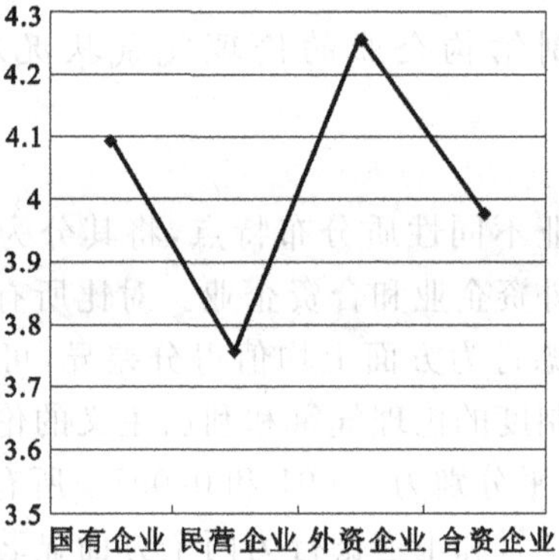

图 8-5a 所有制结构不同的企业在遵循法律制度伦理气氛方面的差异

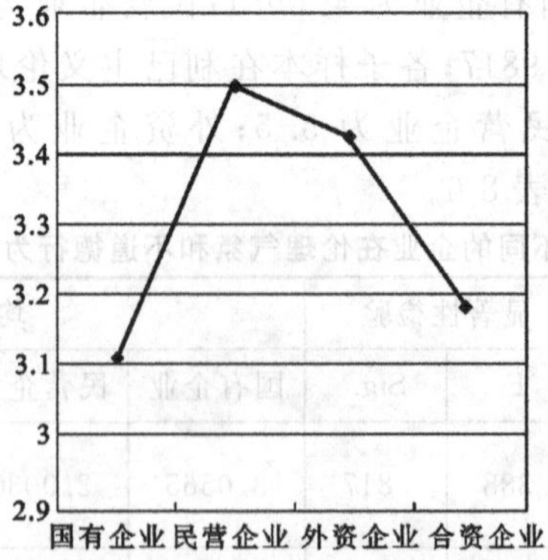

图 8-5b 所有制结构不同的企业在利己主义伦理气氛方面的差异

四、小结及启示

本章主要对不同类型的企业在伦理气氛状况和不道德行为方面的差异进行比较，实证分析结果表明不同发展阶段的企业、处于行业不同地位的企业、上市企业与非上市企业，不同规模的企业、所有制结构不同的企业在企业伦理气氛和不道德行为方面均有显著差异，而不同行业的企业在企业伦理气氛和不道德行为方面并没有显著差异，具体表现为以下方面。

(1)不同发展阶段的企业在遵循道德规范的伦理气氛和遵循法律制度的伦理气氛方面存在着显著差异。在遵循道德规范的伦理气氛方面，处于发展期的企业最具有遵循道德规范的伦理气氛，而处于衰退期的企业最不具有遵循道德规范的伦理气氛；在遵循法律制度的伦理气氛方面，企业从初创期、发展期到成熟期越来越具有遵循法律制度的伦理气氛，而企业到衰退期，遵循法律制度的伦理气氛就减少了，即成熟期的企业最具有遵循法律制度的伦理气氛，衰退期的企业最不具有遵循法律制度的伦理气氛。这种结果表明处于发展期和成熟期的企业很好地处理了企业与利益相关者的关系，考虑了企业利益相关者的利益。发展期和成熟期的企业不仅很好地履行了自身的经济责任，还很好地履行了法律责任和道德责任。而处于衰退期的企业大部分只考虑自身的经济利益，而没有很好地履行法律责任和道德责任，因而最不具有遵循道德规范的伦理气氛和遵循法律制度的伦理气氛。

(2)处于行业不同地位的企业在遵循法律制度伦理气氛和不道德行为方面存在着显著差异。在遵循法律制度的企业伦理气氛方面，从处于行业追随地位的企业、处于行业中游地位的企业到处于行业领先地位的企业越来越具有遵循法律制度的伦理气氛，即处于行业追随地位的企业最不具有遵循法律制度的伦理气氛，而处于行业领先地位的企业最具有遵循法律制度的伦理气氛；在不道德行为方面，不道德行为从处于行业追随地位的企业、处于行业中游地位的企业到处于行业领先地位的企业越来越少发生，即处于行业追随地位的企业最容易发生不道德行为，而处于行业领先地位的企业发生不道德行为的概率最小。这种结果是非常符合现实情况的，处于行业领先地位的企业之所以一直是企业的楷模，不仅是企业的经济利益的增长，而且履行了更多的社会责任。一个企业只有很好地平衡企业与利益相关者各方面的关系，才可能更好地得到发展，在本行业中处于优势地位。只追求经济利益，不追求法律责任和道德责任的企业，从长期而言，不大可能在行业中处于领先地位，经常只能处于行业追随的地位。

(3)上市企业和非上市企业在遵循道德规范的伦理气氛、遵循法律制度的伦理气氛和不道德行为三个方面的差异是显著的。上市企业比非上市企业更具有遵循道德规范的伦理气氛和遵循法律制度的伦理气氛，从而更少地发生不道德行为。企业是否能够上市必须具备一定的条件，这些条件中除了企业的经济效益外，还有企业的遵循法律制度情况和其他履行社会责任的情况。而且企业上市后受到的法律监督和舆论监督更多，这或许也是上市企业比非上市企业更具有道德行为的原因之一。

(4)不同规模的企业在不道德行为方面的差异是显著的。在所有规模的企业中，200—500人的企业发生的不道德行为次数为最多。前人学者在调查组织规模对不道德行为的影响作用时也发现组织规模对不道德行为是有影响的，而且得出了企业随着组织规模的越来越大，道德问题就越来越多。而在本文的此次实证研究中，企业规模在500人以下，不道德行为随着企业规模的越来越大，也越来越多。但企业规模在500人以上时，不道德行为发生的次数比200—500人的企业要少。这个原因大概是因为此次采集的样本500人以上的企业大多是国有企业，由于国有企业最不大具有利己主义的伦理气氛(下面会具体分析到这一点)，所以不道德行为发生的次数相应地比其他性质的企业要发生的少，此时规模的影响作用就要小得多了。

(5)处于不同行业的企业在伦理气氛和不道德行为方面并没有显著影响。根据学者的研究，行业环境也是影响企业伦理气氛的一个因素，尤其是行业的竞争程度更加影响企业的伦理气氛的形成，但本文这次的实证研究结果表明行业的差异并不会带来伦理气氛的差异，即企业的伦理气氛与不道德行为并不受行业的因素影响。这或许是因为我国正处于经济高速发展阶段，各行业的竞争程度并没有多大差别；其次，我国处于经济转型期，很多行业的行业规范也并没有系统化、完整化，因此企业更多地是受社会环境的因素影响，行业的影响因素并不是十分突出。

(6)所有制结构不同的企业在遵循法律制度的伦理气氛和利己主义的伦理气氛两个方面的差异是显著的。在遵循法律制度的伦理气氛方面，外资企业最具有遵循法律制度的伦理气氛，民营企业最不具有遵循法律制度的企业伦理气氛。这或许是因为外资企业，尤其是欧美企业历来重视遵循法律制度，因此在我国的外资企业大多也表现出更具有遵循法律制度的伦理气氛的结果；而我国的民营企业还处于发展期，很多民营企业发展初期都钻过法律漏洞，甚至出现所谓的“企业原罪”问题，因此民营企业相对于其他性质的企业而言更不具有遵循法律制度的伦理气氛。

在利己主义伦理气氛方面，各种性质的企业中，国有企业最不具有利己主义的伦理气氛，而民营企业最具有利己主义的伦理气氛。这是因为我国的国有企业历来强调集体主义，注重集体利益的得失，倡导自我奉献精神，而且反对个人主义和关注个人利益的盛行，所以国有企业会最不具有利己主义的伦理气氛；而民营企业在我国刚开始发展，企业创立初期关注的更多是企业如何生存下来，特别强调企业的经济利益和个人利益，因此自然在所有性质的企业中，民营企业更具有利己主义的伦理气氛。

研究表明不同发展阶段的企业、处于行业不同地位的企业、上市企业与非上市企业、不同规模的企业、所有制结构不同的企业在企业伦理气氛和不道德行为方面均有显著差异，所以企业的管理者在实际管理活动中应该注意这些方面对企业伦理气氛和不道德行为的影响，根据企业自身的性质和特点，进行伦理气氛的建设，避免不道德行为的发生。

第九章 总结与展望

一、研究的主要结论

本文通过四个主要研究深入探讨企业伦理气氛形成机制及其与不道德行为关系：研究一主要是对企业伦理气氛的维度进行了理论分析和实证验证；研究二主要考察影响企业伦理气氛形成的各主要因素及其对企业伦理气氛的作用强度；研究三探讨了企业伦理气氛与不道德行为的关系；研究四对比不同性质和不同类型的企业在伦理气氛状况和不道德行为方面的差异情况。通过实证分析，本文得出的主要结论如下。

1. 企业伦理气氛三维结构的构建

首先根据目的论和义务论的伦理判断理论，分别依据利己主义标准、遵循法律制度标准、遵循道德规范标准从理论上构建了企业伦理气氛的三个维度：利己主义的企业伦理气氛、遵循法律制度的企业伦理气氛和遵循道德规范的企业伦理气氛。其次对企业伦理气氛的维度进行了实证研究，分别通过探索性因子分析和验证性因子分析，同样得到企业伦理气氛的三因素模型，从而验证了企业伦理气氛的三个维度。

2. 企业伦理气氛形成机制研究

首先对各影响因素与企业伦理气氛的关系进行相关分析，得出领导、伦理守则、奖惩制度、伦理培训、伦理机构和伦理决策等影响因素和企业伦理气氛具有显著的相关性。其中，各影响因素与利己主义的伦理气氛呈负相关关系、与遵循法律制度的企业伦理气氛和遵循道德规范的企业伦理气氛呈正相关关系。

其次对各影响因素与企业伦理气氛的关系进行多元回归分析，得出各影响因素与企业伦理气氛的三个维度均具有回归关系。其中，各影响因素从负方向影响利己主义的企业伦理气氛的形成，从正方向影响遵循法律制度企业伦理气氛与遵循道德规范企业伦理气氛的形成。而且利己主义企业伦理气氛的各影响因素作用强度由强至弱依次为：领导、伦理守则、奖惩制度、伦理决策、伦理机构和伦理培训；各影响因素对遵循法律制度的企业伦理气氛的作用强度由强至弱依次为：伦理守则、伦理决策、伦理机构、领导、奖惩制度和伦理培训；各因素对遵循道德规范企业伦理气氛的影响大小依次为：领导、伦理守则、伦理培训、奖惩制度、伦理决策和伦理机构。

3. 企业伦理气氛与不道德行为的关系研究

首先对企业伦理气氛与不道德行为的关系进行相关分析，得出结论：利己主义的企业伦理气氛与不道德行为呈正相关关系；遵循法律制度的企业伦理气氛和遵循道德规范的企业伦理气氛与不道德行为呈负相关关系。

其次对企业伦理气氛与不道德行为的关系进行多元回归分析，得出结论：利己主义的企业伦理气氛与不道德行为存在回归关系，即企业越以利己主义伦理气氛为主导，那么就越容易出现不道德行为；遵循法律制度的企业伦理气氛与不道德行为关系存在回归关系，即企业越以遵循法律制度气氛为主导，那么就越不容易产生不道德行为；遵循道德规范的企业伦理气氛与不道德行为关系存在回归关系，即企业越以遵循道德规范气氛为主导，那么就越不容易产生不道德行为。而且遵循法律制度的企业伦理气氛对不道德行为的影响比遵循道德规范的企业伦理气氛对不道德行为的影响要强，即以遵循法律制度伦理气氛为主导的企业比以遵循道德规范伦理气氛为主导的企业发生不道德行为的概率要小。

再次对企业伦理气氛与不道德行为的关系进行结构方程分析，进一步验证了利己主义的企业伦理气氛与不道德行为呈正相关关系，如果利己主义的企业伦理气氛越强，则不道德行为发生的次数越多；遵循法律制度的企业伦理气氛和遵循道德规范的企业伦理气氛与不道德行为呈负相关关系，如果这两种伦理气氛越强，则不道德行为发生的次数就越少。

4. 我国企业伦理气氛状况和不道德行为差异研究

其一，不同发展阶段的企业在遵循道德规范的伦理气氛和遵循法律制度的伦理气氛方面存在着显著差异。在遵循道德规范的伦理气氛方面，处于发展期的企业最具有遵循道德规范的伦理气氛，而处于衰退期的企业最不具有遵循道德规范的伦理气氛；在遵循法律制度的伦理气氛方面，企业从初创期、发展期到成熟期越来越具有遵循法律制度的伦理气氛，而企业到衰退期，遵循法律制度的伦理气氛就减少了，即成熟期的企业最具有遵循法律制度的伦理气氛，衰退期的企业最不具有遵循法律制度的伦理气氛。

其二，处于行业不同地位的企业在遵循法律制度伦理气氛和不道德行为方面存在着显著差异。在遵循法律制度的企业伦理气氛方面，从处于行业追随地位的企业、处于行业中游地位的企业到处于行业领先地位的企业越来越具有遵循法律制度的伦理气氛，即处于行业追随地位的企业最不具有遵循法律制度的伦理气氛，而处于行业领先地位的企业最具有遵循法律制度的伦理气氛；在不道德行为方面，不道德行为从处于行业追随地位的企业、处于行业中游地位的企业到处于行业领先地位的企业越来越少发生，即处于行业追随地位的企业最容易发生不道德行为，而处于行业领先地位的企业发生不道德行为的概率最小。

其三，上市企业和非上市企业在遵循道德规范的伦理气氛、遵循法律制度的伦理气氛和不道德行为三个方面的差异是显著的。上市企业比非上市企业更具有遵循道德规范的伦理气氛和遵循法律制度的伦理气氛，从而更少地发生不道德行为。

其四，不同规模的企业在不道德行为方面的差异是显著的。在所有规模的企业中，200—500人的企业发生的不道德行为次数为最多。

其五，处于不同行业的企业在伦理气氛和不道德行为方面并没有显著影响。

其六，所有制结构不同的企业在遵循法律制度的伦理气氛和利己主义的伦理气氛两个方面的差异是显著的。在遵循法律制度的企业伦理气氛方面，外资企业最具有遵循法律制度的伦理气氛，民营企业最不具有遵循法律制度的企业伦理气氛。在利己主义伦理气氛方面，各种性质的企业中，国有企业最不具有利己主义的伦理气氛，而民营企业最具有利己主义的伦理气氛。

二、研究的理论贡献

(1)基于伦理判断理论，从理论上提出了企业伦理气氛的三个维度：利己主义的企业伦理气氛、遵循法律制度的企业伦理气氛和遵循道德规范的企业伦理气氛。并进行了实证研究，验证了企业伦理气氛这三个维度。

(2)对企业伦理气氛的各影响因素进行实证研究，得出在中国文化背景下，领导、伦理守则、奖惩制度、伦理培训、伦理机构和伦理决策等因素对企业伦理气氛的形成均具有显著影响，并且得出各影响因素对于企业伦理气氛不同维度的影响程度是不一样的结论。

(3)对企业伦理气氛与不道德行为的关系进行了实证研究，得出企业伦理气氛显著地影响着不道德行为的产生。而且企业伦理气氛的不同维度与不道德行为的关系是不同的，即利己主义的伦理气氛与不道德行为呈正相关关系，如果利己主义的伦理气氛越强，不道德行为发生的概率就越大；遵循法律制度的伦理气氛与不道德行为呈负相关关系，如果遵循法律制度的伦理气氛越强，则不道德行为发生的概率就越小；遵循道德规范的伦理气氛与不道德行为呈负相关关系，如果遵循道德规范的伦理气氛越强，则不道德行为发生的概率就越小。

(4)对我国企业伦理气氛状况和不道德行为的差异进行了实证研究，得出不同发展阶段的企业在遵循道德规范的伦理气氛和遵循法律制度的伦理气氛方面存在着显著差异；处于行业不同地位的企业在遵循法律制度伦理气氛和不道德行为方面存在着显著差异；上市企业和非上市企业在遵循道德规范的伦理气氛、遵循法律制度的伦理气氛和不道德行为三个方面的差异是显著的；不同规模的企业在不道德行为方面的差异是显著的；处于不同行业的企业在伦理气氛和不道德行为方面并没有显著影响；所有制结构不同的企业在遵循法律制度的伦理气氛和利己主义的伦理气氛两个方面的差异是显著的。

三、研究的实践贡献

由企业道德而产生的社会经济秩序不稳、经济利益巨大损失、企业信用缺失等一系列问题使得企业的道德建设日益受到学者们和实际管理者的关注。企业伦理气氛的形成作为企业道德建设的一种途径，也成为学者们研究的热点之一。本文对企业伦理气氛的形成机制及其与不道德行为关系的实证研究结果为企业管理者进行企业道德建设提供了理论基础。本文认为，企业如果要提高自身的道德水平，避免道德风险，减少不道德行为，可以通过以下的途径进行。

其一，建立清晰的对道德行为的期望：很多道德问题是因为模糊而产生的。管理者清晰地划分道德问题和界定道德行为有助于减少道德问题的模糊性。对道德问题情境和处理道德问题方式的清晰界定有利于形成组织伦理气氛的正确方向。当一个组织进入发展和成熟阶段，它们倾向于制定正式的规则，并使管理过程制度化，以获得组织的稳定性和有效性。伦理守则(ethical codes)等关于管理道德决策和道德行为的正式文件的制定是组织正式控制系统的一种，而且它们减少了组织内道德行为的模糊性。美国的组织越来越重视明确定义道德问题的重要性，阐述什么行为是可接受的，什么行为是不可接受的。例如，美国经济咨商局(The Conference Board)报告指出，在财富 500 强的企业中，95%的企业制定了伦理守则。组织同样意识到仅仅对道德行为制定正式文件仍然是不够的，因此，许多组织为员工提供了伦理培训。伦理培训为员工提供了系统的组织伦理气氛的学习过程，并且在伦理培训过程中，可以介绍组织的伦理价值观和相关政策，通过角色模仿和训练等活动，员工有机会运用这些伦理价值观。在员工的组织社会化过程中，尤其要注意传递这种道德行为期望，因此可以通过员工社会化过程，加强组织的伦理气氛。

其二，提供关于道德行为的反馈、指导和支持：对道德行为具体方面的反馈会减少道德事件的模糊性，提高员工之间的道德意识，关注和解决道德问题恰当的方式。而且这些活动表明组织支持这些道德行为并期望员工按照这种方式解决问题。下属的发展和动机是领导过程的重要方面，作为一个指导者，管理者应该在伦理价值观方面为其下属做出全面的指导和指示，强调员工如何处理道德问题，并关注下属在具体活动中的表现，进行道德问题处理的反馈。指导的关键特征之一就是个人化的指示，即管理者面临具体的道德困境并提供对其下属有利的反馈方式。美国很多大型的组织专门设立了反馈道德问题的机构，例如伦理委员会、伦理主管和道德电话热线的设立等等。这些伦理机构的设立有利于组织道德问题的沟通和反馈，从而使组织员工遇到道德问题时可以得到及时的帮助和指导。

其三，意识到并且奖励那些支持组织价值观念的行为：在员工招聘、员工发展和解雇等过程中强调道德行为和伦理价值观等方面有助于员工认识道德行为的重要性。正式和非正式的奖励都会加强道德行为的发生。非正式奖励是指来自上级管理者个人或者其他管理者的信任、自主安排工作的计划、同组织其他层次员工交流的机会、从事特殊工作的机会等等。这些非正式奖励实质上是对那些符合道德标准的下属，管理者更加信任和尊敬并且给予其发展的机会，通过建立与伦理价值观相一致的奖励体系来强调道德价值观和道德规范的重要性。正式奖励包括各种财务奖励和组织职位的提升等。及时对道德行为进行奖励和对不道德行为进行惩罚，会加强员工对组织在道德方面要求的认识，把组织的伦理价值贯彻到自己的日常工作活动中，逐渐使个人的伦理价值观和组织的伦理价值观达成一致。

其四，领导者设立行为榜样：领导行为是传达期望、价值观和基本假设等文化和组织气氛内容的重要途径。领导为道德行为设立了榜样并且他们的行为影响着其追随者的道德行为和组织伦理气氛的形成。实证研究表明，领导的角色模型作用对员工的道德行为具有重要的作用，特别是直接上级和管理者的行为。社会学习理论为领导行为影响员工的道德行为提供了理论基础，个人学习方式之一就是通过观察他人的行为和行为后果。如果被观察到的行为产生好的效果，那么在合适的场合下，观察者也会做出这种行为。因此，员工视领导者的行为为可接受的行为标准。角色模型通过两种途径间接影响组织伦理气氛:增加对领导者的信任和推动价值观的一致性。做出和组织价值观相一致行为的领导者更加获得员工的信赖。通过角色模型,领导者的行为不仅激活其追随者内在的价值观,而且为其追随者的行为设立了一套恰当的规范。同样,角色模型传达的对组织很重要的价值观,有助于改变员工的个人价值观,使员工和组织在伦理价值观上更加匹配。

四、研究的局限和进一步研究的意义

企业伦理是一个非常大的研究课题,本文着重研究企业伦理的焦点之一——伦理气氛的形成机制及其与不道德行为的关系,难免会出现研究的局限性,这些局限性也可能是进一步研究的方向,主要表现在以下方面。

(1)关于企业伦理气氛影响因素的研究。学者们提到影响企业伦理气氛的因素有社会文化影响因素、外部经济环境影响因素、行业影响因素和组织影响因素等。由于社会文化影响因素、外部经济环境影响因素和行业影响因素对企业伦理气氛虽然有影响,但并不是主要的影响因素,而且这些影响因素在一定的时间内是固定的,对于企业而言也是不可控因素。所以本文着重研究主要影响企业伦理气氛形成的内部组织因素。但是关于企业伦理气氛的外部组织影响因素也是一个非常值得探讨的问题。

(2)关于不道德行为影响因素的研究。影响企业不道德行为产生的因素有很多,大致归纳有:社会因素、行业因素、道德问题因素和个人因素。企业伦理气氛只是影响不道德行为的其中一个因素。本文只探讨了企业伦理气氛与不道德行为之间的关系,对于不道德行为的其他影响因素未加以讨论,有待于进一步的研究。

(3)研究样本的问题。由于本文是一个实证研究,样本空间有限,可能缺乏广泛的代表性,有待下一步进行更多样本的分类比较研究。

(4)数据收集方法问题。本实证研究均采用主观评定的方法收集调查数据,缺乏对企业伦理气氛及其不道德行为的客观评定指标,可能存在由于被调查对象的认识偏差使数据的准确性和客观性存在不足,影响到研究结果的可靠性。未来的研究应更多关注一些客观指标的收集,例如企业违法次数的记录等等。

索引一：插图

索引二:表格

参考文献

[1]李宗桂著:《中国文化概论》,中山大学出版社 1988 年版。
[2]周三多等:《管理学—原理与方法》,复旦大学出版社 1999 年版。
[3]周祖城著:《管理与伦理》,清华大学出版社 2000 年版。
[4]刘建军编著:《领导学原理:科学与艺术》,复旦大学出版社 2001 年版。
[5]徐大建:《企业伦理学》,上海人民出版社 2002 年版。
[6]赵德志著:《现代西方企业伦理理论》,经济管理出版社 2002 年版。
[7]欧阳润平著:《企业伦理学:培育企业道德实力的理论与方法》,湖南人民出版社 2003 年版。
[8]苏勇著:《现代管理伦理学—理论与企业的实践》,石油工业出版社 2003 年版。
[9]张德主编:《企业文化建设》,清华大学出版社 2003 年版。
[10] 袁闯著:《管理哲学》,复旦大学出版社 2004 年版。
[11]韩巍著:《基于文化的企业及企业集团管理行为研究》,机械工业出版社 2004 年版。
[12]侯杰泰、温忠麟、成子娟著:《结构方程模型及其应用》,教育科学出版社 2004 年版。
[13]王学义著:《企业伦理学》,西南财经大学出版社 2004 年版。
[14]周祖城编著:《企业伦理学》,清华大学出版社 2005 年版。
[15][美]斯蒂芬·P. 罗宾斯著:《组织行为学》,中国人民大学出版社 1997 年版。
[16][美]彼得·普拉特雷著:《商业道德》(影印版),中国人民大学出版社 1998 年版。
[17][美]弗里切著:《商业伦理学》,杨斌等译,机械工业出版社 1999 年版。
[18][美]林恩·夏普·佩因著:《领导、伦理与组织信誉案例—战略的观点》,韩经纶、王永贵、杨永恒译,东北财经大学出版社 1999 年版。
[19][德]霍尔斯特·施泰因曼、阿尔伯特·勒尔著:《企业伦理学基础》,李兆雄译,上海社会科学院出版社 2001 年版。

[20][美]托马斯·唐纳森、托马斯·邓菲若著:《有约束力的关系一对企业伦理学的一种社会契约论的研究》,赵月瑟译,上海社会科学院出版社 2001 年版。
[21] [美]乔治·斯蒂纳、约翰·斯蒂纳著:《企业、政府与社会》,张志强译,华夏出版社 2002 年版。
[22][美]理查德·T.德·乔治著:《经济伦理学》(第五版),李布译,北京大学出版社 2002 年版。
[23] [美]帕特里夏·沃海恩、R.爱德华·弗里曼主编:《商业伦理学百科辞典》,刘宝成译,对外经济贸易大学出版社 2002 年版。
[24][美]皮尔斯、纽斯特罗姆著:《领导者与领导过程》,中国人民大学出版社 2002 年版。
[25][美]小约瑟夫·L.巴达拉科、玛丽·C.金泰尔等编写:《伦理化商业决策》,吴易明、张巨勇译,中国人民大学出版社 2003 年版。
[26][美]达夫特、诺伊著:《组织行为学》,杨宇等译,机械工业出版社 2004 年版。
[27][美]哈格斯、吉纳特、柯菲著:《领导学一在经验积累中提升领导力》,朱舟译,清华大学出版社 2004 年版。
[28][美]佩因著:《公司道德:高绩效企业的基石》,杨涤等译,机械工业出版社 2004 年版。
[29]王文臣著:《论社会主义企业道德建设》,《河南社会科学》2000 年第 5 期,第 58—61 页。
[30]李承宗、周育平著:《论企业不道德行为问题》,《岭南学刊》2001 年第 3 期,第 75—78 页。
[31]牛雄鹰、高婕、秦冠州著:《诚信管理》,《中国人力资源开发》2001 年第 6 期,第 54—55 页。
[32]郑少智著:《非对称信息条件下诚信机制的构建问题》,《学术研究》2001 年第 12 期,第 46—49 页。
[33]陈华蔚、邱建著:《关于企业诚信的几点认识》,《江苏企业管理》2002 年第 9 期,第 13—16 页。
[34]余红著:《诚信管理制度构想》,《学术月刊》2002 年第 8 期,第 83—87 页。
[35]欧阳润平:《目的、对象与机制——现行企业道德教育的突出问题与解决建议》,《湖南师范大学社会科学学报》2003 第 3 期,第 15—

18 页。
[36]夏绪梅、李萍:《企业伦理建设的理论架构》,《西安财经学院学报》2004 年第 5 期,第 60—63 页。
[37]朱金瑞:《中国企业伦理的几种模式及特性分析》,《中州学刊》2004 年第 7 期,第 164—166 页。
[38]顾文涛、韩玉启、郭百钢:《企业伦理能力的多层次灰色评价模型》,《统计与决策》2005 年第 6 期,第 11—13 页。
[39]梁喜书、张洁:《企业伦理与企业效益》,《兰州学刊》2005 年第 3 期,第 109—112 页。
[40]周祖城:《三种企业道德管理策略及其影响分析》,《理论探讨》2005 年第 2 期,第 64—66 页。
[41]中国企业家调查系统:《中国企业信用现状》,《中国企业报》2002 年 8 月 9 日。
[42]Lewin, K. (1938). *The conceptual representation and the measurement of psychological forces*. Durham, NC: Duke University Press.
[43] Baumhart, R. (1961). *How ethical are businessmen*? Harvard Business Review 39(4): 6—19.
[44]Litwin, G. H., & Stringer, R. A. (1968). *Motivation and organizational climate*. Boston: Harvard University Press.
[45]Tagiuri, R., & Litwin, G. (1968). *Organizational climate: Explorations of a concept*. Boston: Harvard University Press.
[46]Kohlberg, L. (1970). *Moral development and the education of adolescents*. in Ellis D. Evans ed., Adolescents: Readings in Behavior and Development, Hinsdale, IL: Dryden Press : 178—196.
[47]Bowen, H. (1971). *Sociial Responsibility of Businessmen*. Harper & Brothers, New York, NY.
[48] Andrews, K. (1971). *The Concept of Corporate Strategy*. DowJones Irwin, Chicago, IL.
[49]Committee for Economic Development. (1971). *Social Responsibilities of Business Corporations*. New York, NY.
[50]Sethi, S. P. (1975). *Dimensions of corporate social responsibili-*

ty. California Management Review 17(3): 58—64.

[51]Berkman, Harold W. (1977). *Corporate ethics: who cares?*. Journal of the Academy of Marketing Science, 5(3): 154—169.

[52]Brenner, S. N. & E. A. Molander. (1977). *Is the ethics of business changing?*. Harvard Business Review 55(1): 57—71.

[53]Weaver, K. M. & O. C. Ferrell. (1977). *The impact of corporate policy in reported ethical beliefs and behavior of marketing practitioners*. AMA Proceeding: 477—481.

[54]Burns, J. M. (1978). *Leadership*. New York: Harper & Row.

[55]Hegarty, W. H. & H. P. Sims. Jr. (1978). *Some Determinants of unethical decision behavior: an experiments*. Journal of Applied Psychology 63: 451—457.

[56]Carroll, A. B. (1979). *A three-dimensional conceptual model of corporate performance*. Acadamy of Management Review 4(4): 497—505.

[57]Zey-Ferrell, M., K. M. Weaver & O. C. Ferrell. (1979). *Predicting unethical behavior among marketing practitioners*. Human Relations 32(7): 557—569.

[58]Hollinger, R. C. & J. P. Clark. (1982). *Employee deviance: a response to the perceived quality of the work experience*. Work and Occupations 10: 97—114.

[59]Zey-Ferrell, M. & O. C. Ferrell. (1982). *Role-set configuration and opportunity as predictors of unethical behavior in organizations*. Human Relations 35(7): 587—604.

[60]Browning, J. & N. B. Zabriskic. (1983). *How ethical are industrial buyers*. Industrial Marketing Management 12: 219—224.

[61]Quinn, R. E. & K. Cameron. (1983). *Organizational lifecycles and shifting criteria of effectiveness: some preliminary evidence*. Management Science 29 : 33—51.

[62]Posner, B. Z. & W. H. Schmidt. (1984). *Values and the American manager: an update*. California Management Review 26: 202—216.

[63]Bandura, A. (1985). *Social foundations of thought and action*:

a social cognitive theory. Prentice-Hall, Englewood Cliffs, NJ.

[64]Ferrell, O. C. & L. G. Gresham. (1985). *A contingency framework for understanding ethical decision making in marketing*. Journal of Marketing 49(Summer): 87—96.

[65]Hunt, S. D & S. Vitell. (1986). *A general theory of marketing ethics*. Journal of Macromarketing 6(Spring): 5—16.

[66]Lester, R. E. (1986). *Organizational culture, uncertainty reduction, and the socialization of new organizational members*. in S. Thomas (ed.), Communication and Information Science; Vol. 3, Studies in Communication . Alex, Norwood, NJ.

[67]Rest, J. R. (1986). *Moral development: Advances in research and theory*. New York: Praeger.

[68]Trevino, L. K. (1986). *Ethical decision making in organizations: a person-situation interactionist model*. Academy of Management Review 11(3): 601—617.

[69]Victor, B. & Cullen, J. B. (1987). *A theory and measure of ethical climate in organizations*. Research in Corporate Social Performance and Policy 9 : 51—71.

[70]Waters, J. A. & F. Bird. (1987). *The moral dimension of organizational culture*. Journal of Business Ethics 6 : 15—22.

[71]Freeman, R. E. & D. E. Gilbert Jr. (1988). *Corporate Strategy and the search for Ethics*. Prentice Hall, Englewood Cliff, NJ.

[72]Victor, B. & J. B. Cullen. (1988). *The organizational bases of ethical work climate*. Administrative Science Quarterly 33(1): 101—125.

[73]Buchholz, R. (1989). *Fundamental concepts and problems in business ethics* . Prentice-Hall, Englewood Cliffs, NJ.

[74]Akaah, I. (1989). *Differences in research ethics judgments between male and female marketing professionals*. Journal of Business Ethics 8: 375—381.

[75]Akaah, I. P. & E. A. Riordan. (1989). *Judgments of marketing professionals about ethical issues in marketing research: a replication and extension*. Journal of Marketing Research 26(1):

112—120.

[76]Andrews, K. (1989). *Ethics in practice*. Harvard Business Review 67(5): 99—105.

[77]Benson, George. (1989). *Codes of ethics*. Journal of Business Ethics 8:305—319.

[78]Schlegelmilch, B. B. & J. E. Houston. (1989). *Corporate codes of ethics in large U.K. companies: an empirical investigation of use, content and attitudes*. European Journal of Marketing 23(6): 7—24.

[79]Tskalikis, J. & D. Fritche. (1989). *Business ethics: a literature review with a focus on marketing ethics*. Journal of Business Ethics 8: 695—743.

[80]Bass, B. M. (1990). *Handbook of leadership: theory, research, and managerial applications, 3rd Edition*. The Free Press, New York.

[81]Fimbel, N. & J. S Burstein. (1990). *Defining the ethical standard of the high technology industry*. Journal of Business Ethics 9: 929—948.

[82]Hunt, S. D., P. L. Kiecker & L. B. Chonko. (1990). *Social responsibility and personal success: a research note*. Journal of the Academy of marketing Science 18(3): 239—244.

[83]Kirrane, Diane E. (1990). *Managing values: a systematic approach to business ethics*. Training and Development Journal 11: 53—60.

[84]Raiborn, Cecily A. & D. Payne. (1990). *Corporate codes of conduct: a collective conscience and continuum*. Journal of Business Ethics 9 : 897—889.

[85]Schlegelmilch, B. B. & C. C. Langlois. (1990). *Do corporate codes of ethics reflect national character? evidence from Europe and the United States*. Journal of International Business Studies : 519—539

[86]Trevino, L. K & S. A. Youngblood. (1990). *Bad apples in bad barrels: a causal analysis of ethical decision making behavior*.

Journal of Applied psychology 75(4): 378—385.

[87]Vinten, G. (1990). *The social auditor*. International Journal of Value-Based Management, 3(2): 19—25.

[88]Weber, J. (1990). *Measuring the impact of teaching ethics to future managers: a review, assessment, and recommendations*. Journal of Business Ethics 8: 183—190.

[89]Weber, J. (1990). *Managers' moral reasoning: assessing their responses to three moral dilemmas*. Human Relations 43(7): 687—702.

[90]Agryis, C. (1991). *Teaching smart people how to learn*. Harvard Business Review 5: 99—109.

[91]Carroll, A. B. (1991). *The pyramid of corporate social responsibility: toward the moral management of organizational stakeholders*. Business Horizons 34:4—32.

[92]Chatman, J. A. (1991). *Matching people and organizations: selection and socialization in public accounting firms*. Administrative Science Quarterly 36: 459—484.

[93]Jones, T. M. (1991). *Ethical decision making by individuals in organizations: an issue-contingent model*. Academy of Management Review 16(2): 366—395.

[94]Kelley, S. W. & M. J. Dorsch. (1991). *Ethical climate, organizational commitment, and indebtedness among purchasing executives*. Journal of Personal Selling & Sales Management 11: 55—66.

[95]Brenner, Steven N. (1992). *Ethics programs and their dimensions*. Journal of Business Ethics 11(5/6):391—340.

[96]Barnett, T. (1992). *A preliminary investigation of the relationship between selected organizational characteristics and external whistleblowing by employees*. Journal of Business ethics 11: 949—959.

[97]Berenbeim, Ronald E. (1992). *The corporate ethics test*. Business & Society Review 81: 112—121.

[98]DeConinck, J. B. (1992). *How sales managers control unethical*

sales force behavior. Journal of Business Ethics 11：789—798.

[99]Epstein，Marc J.，Pava，Moses L.（1992）. *Corporations and the environment：Shareholders demand accountability*. USA Today Magazine 121(2570)：32—34.

[100]Kaye，B. N.（1992）. *Codes of ethics in Australian business corporations*. Journal Of Business Ethics 11 ：857—862.

[101]Mitchell，D. E. & Tucker，S.（1992）. *Leadership as a way of thinking*. Educational Leadership 49(5)：30—35

[102]Muncy，J. & S. Vitell.（1992）. *Consumer ethics：an investigation of the ethical beliefs of the final consumer*. Journal of Business Research 24：297—311.

[103]Murphy，P. R.，J. E. Smith & J. M. Daley.（1992）. *Executive attitudes，organizational size and ethical issues：perspectives on a service industry*. Journal of Business Ethics 11 ：11—19.

[104]Trevino，L. K & B. Victor.（1992）. *Peer reporting of unethical behavior：a social context perspective*. Academy of Management Journal 35(1)：38—64.

[105]Primeaux，Patrick.（1992）. *Experiential ethics：a blueprint for personal and corporate ethics*. Journal of Business Ethics 11 (10)：779—789.

[106]Tyson，T.（1992）. *Does believing that everyone Else is less ethical have an impact on work behavior?* Journal of Business Ethics 11：707—717.

[107]Wang，J. & B. S. Coffey.（1992）. *Board composition and corporate philanthropy*. Journal of Business Ethics 11：771—778.

[108]Weeks，W. A. & J. Nantel.（1992）. *Corporate codes of ethics and sales force behavior：a case study*. Journal of Business Ethics 11：753—760.

[109]Barnett，T.，D. Cochran & G. S. Taylor.（1993）. *The internal disclosure policies of private-sector employers：an initial look at their relationship to employee whistleblowing*. Journal of Business Ethics 12：127—136.

[110]Beneish, M. B. & R. Chatov. (1993). *Corporate codes of conduct: economic determinants and legal implications for independent auditors*. Journal of accounting and public policy 12: 3—35.

[111]Elm, D. R. & M. L. Nichols. (1993). *An investigation of the moral reasoning of managers*. Journal of Business Ethics 12: 817—833.

[112]Fisher, D. (1993). *Communication in Organizations, 2nded.* West, Minneapolis/St. Paul.

[113]House, R. J. & B. Shamir. (1993). *Toward the integration of transformational, charismatic, and visionary theories.* in M. M. Chemers and R. Ayman(eds.). Leadership Theory and Research: Perspectives and Qualitys. Academic Press, San Diego, CA.

[114]Hunt, S. D & A. Z. Vasquez-Parraga. (1993). *Organizational consequences, marketing ethics, and salesforce supervision.* Journal of Marketing Research 30(2): 78—90.

[115]Kawathatzopoulos, I. (1993). *Development of a cognitive skill in solving business ethics problems: the effect of instruction.* Journal of Business Ethics 12: 379—386.

[116]Robertson, D. C. & B. B. Schlegelmilch. (1993). *Corporate institutionalization of ethics in the United States and Great Britain*. Journal of Business Ethics 12: 301—312.

[117]Wahn, J. (1993). *Organizational dependence and the likelihood of complying with organizational pressures to behave unethically*. Journal of Business Ethics 12: 245—251.

[118]Zabid, A. R. M. & S. K. Alsagoff. (1993). *Perceived ethical values of Malaysian managers*. Journal of Business Ethics 12: 331—337.

[119]Bruce, W. (1994). *Ethical people are productive people*. Public Productivity & Management Review 17(3): 241—252.

[120]Kohut, G. F. & S. E. Corriher. (1994). *The relationship of age, gender, experience and awareness of written ethics poli-*

cies to business decision making . SAM Advanced Management Journal: 32—307.

[121]Lynn Sharp Paine. (1994). *Managing for organizational integrity*. Harvard Business Review 4—5: 106—117.

[122]Soutar, G. , M. McNeil & C. Molster. (1994). *The impact of the work environment on ethical decision making: some Australian evidence*. Journal of Business Ethics 13: 327—339.

[123]Barney, J. B. , M. H. Hanson. (1995). *Trustworthiness as a source of competitive advantage*. Long Range Planning 28(4): 127—137.

[124]Falkenberg, L. & I. Herremans. (1995). *Ethical behaviors in organizations: directed by the formal or informal system*. Journal of Business Ethics 14: 133—143.

[125]Jones, S. K. & K. M. Hiltebeitel. (1995). *Organizational influence in a model of the moral decision process of accountants*. Journal of Business Ethics 14: 417—431.

[126]Murphy, Patrick E. (1995). *Corporate ethics statements: current status and future prospects*. Journal of Business Ethics 14(9): 727—731.

[127]Renton, Nick. (1995). *The pursuit of corporate ethics*. Personal Investment 13(7): 10—13.

[128]Robinson, S. L. & R. J. Bennett. (1995). *A typology of deviant workplace behaviors: a multidimensional scaling study*. Academy of Management Journal 38: 555—572.

[129]Thomas, Tony. (1995). *A fair share of corporate ethics*. BRW 17(38): 62—65.

[130]Upchurch, R. S. & S. K. Ruhl&. (1995). *An analysis of ethical work climate and leadership relationship in lodging operations*. Journal of Travel Research 34: 36—42.

[131]Weaver, G. R. (1995). *Does ethics code design matter? Effects of ethics code rationales and content recall*. Journal of Business Ethics 14: 367—385.

[132]Brief, A. P. , J. M. Dukerich, P. R. Brown & J. F. Brett.

(1996). *What's wrong with the treadway commission report? experimental analyses of the effects of personal values and codes of conduct on fraudulent financial reporting*. Journal of Business Ethics 15: 183—198.

[133]Chambers, Donald R., Lacey, Nelson J. (1996). *Corporate ethics and shareholder wealth maximization*. Financial Practice & Education 6(1): 93—97.

[134]Deshpande, S. P. (1996a). *The impact of ethical climate types on facets of job satisfaction: an empirical investigation*. Journal of Business Ethics 15: 655—600.

[135]Deshpande, S. P. (1996b). *Ethical climate and the link between success and ethical behavior: an empirical investigation of a non-profit organization*. Journal of Business Ethics 15: 315—320.

[136]Glass, R. S. & W. A. Wood. (1996). *Situational determinants of software piracy: an equity theory perspective*. Journal of Business Ethics 15(11): 1189—1198.

[137]Litwin. G., Bray, J., & Brooke, K. L. (1996). *Mobilizing the organization*. London: Prentice Hall.

[138]McCabe, D. L., L. K. Trevino & K. D. Butterfield. (1996). *The influence of collegiate and corporate codes of conduct on ethics-related behavior in the workplace*. Business Ethics Quarterly 6(4): 461—476.

[139]Steiner, D. D., & Gilliland, S. W. (1996). *Fairness reactions to personnel selection techniques in France and The United States*. Journal of Applied Psychology 81(2): 134—141.

[140]Upchurch, R. S. & S. K. Ruhland. (1996). *The organizational bases of ethical work climates in lodging operations as perceived by general managers*. Journal of Business Ethics 15: 1083—1093.

[141]Verbeke, W., C. Ouwerkerk & E. Peelen. (1996). *Exploring the contextual and individual factors on ethical decision making of salespeople*. Journal of Business Ethics 15: 1175—1187.

[142]Allmon, Dean E., Henry C. K. Chen., Thomas K. Pritchett & Pj. Forrest. (1997). *A multicultural examination of business ethics perceptions*. Journal of Business Ethics 16(2): 183—188.

[143]Butler, Stephen. (1997). *Business ethics and corporate responsibility*. Vital Speeches of the Day 63(18): 559—562.

[144]Cassell, Cathy., Johnson, Phil., Smith, Ken. (1997). *Opening the black box: corporate codes of ethics in their organizational context*. Journal of Business Ethics 16(10): 1077—1093.

[145]Council on Economic Priorities Accreditation Agency. (1997). *Social Accountability* 8000: *An International Standard*. New York. October 1997.

[146]Langdon, Bill., (1997). *Corporate ethics are now a mainstream management issue*. CMA Magazine 71(6): 3—4.

[147]Laufer, William S., Robertson, Diana C. (1997). *Corporate ethics initiatives as social control*. Journal of Business Ethics 16 (10): 1029—1049.

[148]Logsdon, Jeanne M., Yuthas, Kristi. (1997). *Stakeholder orientation, and organizational moral development*. Journal of Business Ethics 16(12/13): 1213—1226.

[149]Schwepker, C. K. Jr., O. C. Ferrell & T. N. Ingram. (1997). *The influence of ethical climate and ethical conflict on role stress in the sales force*. Journal of the Academy of Marketing Science 25(2): 99—108.

[150]Wimbush. J. C., Shepard. J. M. & Markham. S. E. (1997). *An emirical examination of the multi-mensionality of ethical climate in organizations*. Journal of Business Ethics 16: 67—77.

[151]S. Y. Chen, R. B. Sawyers & P. F. Williams. (1997). *Reinforcing ethical decision making through corporate culture*. Journal of Business Ethics 16: 855—865.

[152]Stajkovic, Alexander D., Luthans, Fred. (1997). *Business ethics across cultures: A social cognitive model*. Journal of World Business 32(1): 17—34.

[153]Bigel, Kenneth S. (1998). *The correlations of professionalization and compensation sources with the ethical development of personal investment planners*. Fiancial services Review 7(4): 223—236.

[154]David J. Fritzsche. (1998). *Business Ethics: A Global and Managerial Perspective*. McGraw-Hill.

[155]Bauer, T. N., E. W. Morrison & R. R. Callister. (1998). *Organizational socialization: a review and directions for future research*. Research in Personnel and Human Resource Management 16:149—214.

[156]Bartels, L. K., E. Harrick, K. Martell & D. Strickland. (1998). *The relationship between ethical climate and ethical problems within human resource management*. Journal of Business Ethics 17(7): 799—804.

[157]Cleek, M. A. & S. L. Leonard. (1998). *Can corporate codes of ethics influence behavior*? Journal of Business Ethics 17(6): 619—630.

[158]Friedberg, Asher. (1998). *Ethical aspects of internal auditing*. Journal of Business Ethics 17(8): 895—904.

[159]Hummels, Harry. (1998). *Organizing ethics: a stakeholder debate*. Journal of Business Ethics 17(13): 1403—1419.

[160]Kaptein, Muel. (1998), *Ethics management- auditing and developing the ethical content of organizations*. Kluwer academic publishers.

[161]Le Jeune, M. & S. Webley. (1998). *Company use of codes of business conduct*. Institute of Business Ethics, London.

[162]Mackenzie, Craig. (1998). *Ethical auditing and ethical knowledge*. Journal of Business Ethics, 17(13): 1395—1402.

[163]Metcalfe, Chris E. (1998). *The Stakeholder Corporation*. Business Ethics: A European Review 7(1): 30—37.

[164]Schlegelmilch, Bodo. (1998). *Marketing ethics: an international perspective*. International Thomson Business Press : 436—455.

[165]Sillanp, Maria. (1998). *The Body Shop values report - towards integrated stakeholder auditing*. Journal of Business Ethics 17 (13): 1443—1456.

[166]Upchurch, R. S. (1998). *A conceptual foundation for ethical decision making: a stakeholder perspective in the lodging industry (U. S. A)*. Journal of Business Ethics 17 (12): 1349—1361.

[167] Vidaver-Cohen, Deborah. (1998). *Moral climate in business firms: a conceptual framework for analysis and change*. Journal of Business Ethics 17(11): 1211—1226.

[168]Trevino, L. K., K. D. Butterfield & D. L. McCabe. (1998). *The ethical context in organizations: influences on employee attitudes and behaviors*. Business Ethics Quarterly 8 (3): 447—476.

[169]Bass, Bernard M., Paul. Steidlmeier. (1999). *Ethics, character, and authentic transformational leadership behavior*. The Leadership Quarterly 10(2): 181—217.

[170]Arnold, Vicky., Lampe, James C. (1999). *Umderstanding the factors underlying ethical organizations: enabling continuous*. Journal of Applied Business Research 15(3): 1—20.

[171]Buller, Paul F., Glenn M. McEvoy. (1999). *Creating and Sustaining Ethical Capability in the Multi-National Corporation*. Journal of World Business 34(4): 326—344.

[172] De George, Richard T. (1999). *Business Ethics*. Simon & Schuster, Upper Saddle River, NJ.

[173]Fritzsche, D. J. (1999). *Business ethics: a global and managerial perspective*. Hill Companies, Inc.

[174]Kaptein, Muel. (1999). *Integrity management*. European Management Journal 17(6): 625—634.

[175]Key, Susan. (1999). *Organizational ethical culture: real or imagined?* Journal of Business Ethics 20(3): 217—225.

[176]Lewis R., Stathakopolous, Vlasis., Patti, Charles H. (1999). *A multidimensional assessment of ethical codes: the professional*

business association perspective. Journal of Business Ethics 19 (3):287—300.

[177]Martens, Lori Tansey. , Day, Kristen. (1999). *Five common mistakes in designing and implementing a business ethics program*. Business & Society Review 104(2): 163—171.

[178]Nijhof, André H. J. (1999). *An ABC-analysis of ethical organizational behavior*. Journal of Business Ethics 20 (1): 39—50.

[179]Sims, R. I. & T. L. Keon. (1999). *Determinants of ethical decision making: the relationship of the perceived organizational environment*. Journal of Business Ethics 19 (4): 393—401.

[180]Tenbrunsel, A. E. & D. M. Messick. (1999). *Sanctioning systems, decision frames, and cooperation*. Administrative Science Quarterly 44(4): 684—707.

[181]Velasquez, Mannuel G. (1999). *Business Ethics: Cases and Concepts* . Prentice Hall, Englewood Cliffs, NJ.

[182]Wilson, Paul N. , Kennedy, Ana M. (1999). *Trustworthiness as an economic asset*. The International Food and Agribusiness Management Review 2(2): 179—193.

[183]Weaver, G. R. & L. K. Trevino. (1999). *Compliance and values oriented ethics program: influences on employees' attitudes and behavior*. Business Ethics Quarterly 9(2): 315—335.

[184]Weaver, Gary R. , Trevino, Linda Klebe. (1999). *Corporate ethics practices in the mid-*1990's: *an empirical study of the Fortune* 1000. Journal of Business Ethics 18(3)283—295.

[185]Adams. L. & L. Anne. (2000). *Corporate ethics meet the bottom line: ethical behavior is good business and can lead to new markets*. Economic Development Review 17(1):4—3.

[186]Archie B. Carroll & Ann K. Buchholtz(2000). *Business and society: ethics and stakeholder management*, *4th ed*. Cincinnati, Ohio: SouthWestern Publishing Co.

[187]Barnett, T. & C. Vaicys. (2000). *The moderating effect of*

individuals' perceptions of ethical work climate on ethical judgments and behavioral intentions. Journal of Business Ethics 27(4): 351—362.

[188]Broadhurst, Arlene. (2000). *Corporations and the ethics of social responsibility: an emerging regime of expansion and compliance*. Business Ethics: A European Review, 9(2). 86—99.

[189]Flannery, B. L. & D. R. May. (2000). *Environmental ethical decision making in the U. S. metalfinishing industry*. Academy of Management Journal 43(4): 642—662.

[190]Fritzshe, D. J. (2000). *Ethical climates and the ethical dimension of decision making*. Journal of Business Ethics 24(2): 125—140.

[191]Gibson, Kevin. (2000). *The moral basis of stakeholder theory*. Journal of Business Ethics 26(3): 245—257.

[192]Halal, William E. (2000). *Corporate community*. Strategy & Leadership 28(2): 10—17.

[193]Harvey S. James, Jr. (2000). *Reinforcing ethical decision making through organizational structure*. Journal of Business Ethics 28: 43—58.

[194]Jackson, T. (2000). *Management ethics and corporate policy: a crosscultural comparison*. Journal of Management Studies 37(3):349—369.

[195]Kaptein, Muel. , Dalen, Jan Van. (2000). *The empirical assessment of corporate ethics: A case study*. Journal of Business Ethics 24(2): 95—105.

[196]KPMG. (2000). *Business Ethics Survey Report*. KPMG Ethics & Integrity Services, Toronto, ON.

[197]Loe, T. W. , L. Ferrell, & P. Mansfield. (2000). *A review of empirical studies assessing ethical decision making in business*. Journal of Business Ethics 25: 185—204.

[198]McDonald, Gael. (2000). *Business ethics: practical proposals for organizations*. Journal of Business Ethics 25(2): 169—184.

[199]Waddock, Sandra. , Smith, Nei. (2000). *Corporate responsibili-*

ty audits: doing well by doing good. Sloan Management Review 41(2): 75—83.

[200]Quazi, Ali M., O'Brien, Dennis. (2000). *An empirical test of a crossnational model of corporate social responsibility*. Journal of Business Ethics 25(1): 33—51.

[201]Reynolds, M. A. (2000). *Professional ethical codes and the internal auditor: a moral argument*. Journal of Business Ethics 24: 115—124.

[202]Takala, Tuomo., Pallab, Paul. (2000). *Individual, collective and social responsibility of the Firm*. Business Ethics: A European Review 9(2): 109—119.

[203]Terry W Low., Linda Ferrell., Phylis Mansfield. (2000). *A review of empirical studies assessing ethical decision making in business*. Journal of Business Ethics 25(3): 22—35.

[204]Spiller, Rodger. (2000). *Business and investment: a model for business and society*. Journal of Business Ethics 27 (1/2): 149—160.

[205] Bansal, Harvir S., Morris B. Mendelson., Basu. Sharma. (2001). *The impact of internal marketing activities on external marketing outcomes*. Journal of Quality Management 6(1): 61—76.

[206]Adams, J. S., A. Taschian & T. H. Shore. (2001). *Codes of ethics as signals for ethical behavior*. Journal of Business Ethics 29(3): 199—211.

[207]Buckley, M. Ronald., Danielle S. Beu., Dwight D. Frink., Jack L. Howard., Howard. Berkson., Tommie A . Mobbs. (2001). *Ethical issues in human resources systems*. Human Resource Management Review 11(1—2): 11—29.

[208]Cable, D. M. & C. K. Parsons. (2001). *Socialization tactics and personorganization fit*. Personnel Psychology 54:1—23.

[209]Chavez, G. A., R. A. Wiggins & M. Yolas. (2001). *The impact of membership in the ethics officer association*. Journal of Business Ethics 34(1): 39—56.

[210]Davis, Mark A. , Andersen, Mark G. , Curtis, Mary B. (2001). *Measuring ethical ideology in business ethics: a critical analysis of the ethics position questionnaire*. Journal of Business Ethics 32(1): 35—53.

[211]Dickson, M. W. , Smith, D. B. , Grojean, M. W. , & Ehrhart, M. (2001). *An organizational climate regarding ethics: The outcome of leader values and the practices that reflect them*. Leadership Quarterly 12: 197—218.

[212]DillArd, Jesse F. & YuthAs , Kristi. (2001). *A responsibility ethics for audit expert systems*. Journal of Business Ethics 30 (4): 337—359 .

[213]Douglas, P. C. , R. A. Davidson & B. N. Schwartz. (2001). *The effect of organizational culture and ethical orientation on accountants' ethical judgments*. Journal of Business Ethics 34 (2): 101—121.

[214]Gary R. Weaver. (2001). *Ethics programs in global businesses: culture's role in managing ethics*. Journal of Business Ethics 30: 3—15.

[215]Gray, Rob. (2001). *Thirty years of social accounting, reporting and auditing: what(if anything)have we learnt?* Business Ethics: A European Review 10(1): 9—16.

[216] Herndon Jr. , Neil C. , Fraedrich, John P. , QueyJen Yeh. (2001). *An investigation of moral values and the ethical content of the corporate culture: Taiwanese*. Journal of Business Ethics 30(1): 73—86.

[217]Johnson, Homer H. (2001). *Corporate social auditsthis time around*. Business Horizon, 44(3): 29—36.

[218]Kapstein, Ethan B. (2001). *The corporate ethics crusade*. Foreign Affairs 80(5): 105—120.

[219] Kennedy, Mary Susan. , Ferrell, Linda K. , LeClair, Debbie Thorne. (2001). *Consumers' trust of salesperson and manufacturer: an empirical study*. Journal of Business Research, 51 (1): 73—86.

[220]Kujala, Johanna. (2001). *Analysing moral issues in stakeholder relations*. Business Ethics: A European Review 10 (3): 233—248.

[221]Owen, David; Swift, Tracey. (2001). *Introduction social accounting, reporting and auditing: Beyond the rhetoric?* Business Ethics: A European Review 10 (1) : 4—9.

[222]R. Agle,Bradley; Kelley,Patricia C. (2001). *Ensuring validity in the measurement of corporate social performance: lessons from corporate united way and PAC campaigns*. Journal of Business Ethics 31(3): 271—284.

[223]Schwartz, M. (2001). *The nature of the relationship between corporate codes of ethics and behaviour*. Journal of Business Ethics 32(3): 247—262.

[224]Singhapakdi, A. , J. K. M. Marta, C. P. Rao & M. Cicic. (2001). *Is cross cultural similarity and indicator of similar marketing ethics?* Journal of Business Ethics 32(1): 55—68.

[225]Somers, M. J. (2001). *Ethical codes of conduct and organizational context: a study of the relationship between codes of conduct, employee behavior and organizational values*. Journal of Business Ethics 30(2): 185—195.

[226] Swift, Tracey. (2001). *Trust, reputation and corporate accountability to stakeholders*. Business Ethics: A European Review 10(1): 16—27.

[227]Vardi, Y. (2001). *The effects of organizational and ethical climates on misconduct at work*. Journal of Business Ethics 29 (4): 325—337.

[228]Verschoor, Curtis C. (2001). *Ethical behavior brings tangible benefits to organizations*. Strategic Finance 82(11): 20—22.

[229]Weaver, Gary R. (2001). *The role of human resources in ethics/compliance management: A fairness perspective*. Human Resource Management Review 11(1/2):113—135.

[230]Wilmot, Stephen. (2001). *Corporate moral responsibility: what can we infer from our understanding of organisations?* Journal

of Business Ethics 30(2): 161—169.

[231]Al-Awadi, Ahmad. (2002). *A proposed model of consumer loyalty in the retailing sector based on the Kuwaiti experience*. Total Quality Management 13(7): 1035—1047.

[232]Bates, Steve. (2002). *Corporate ethics important to today's job seekers*. HR Magazine 47(11):12—16.

[233]Burzawa,Sue. (2002). *Wisely tuned benefits packages can drive employee commitment*. Employee Benefit Plan Review 56(11): 10—14.

[234]Chami, Ralph. , Cosimano, Thomas F. , Fullenkamp, Connel. (2002). *Managing ethical risk: how investing in ethics adds value*. Journal of Banking and Finance 26(9): 1697—1718.

[235]Cherry, J. & J. Fraedrich. (2002). *Perceived risk, moral philosophy and marketing ethics: mediating influences on sales managers' ethical decision-making*. Journal of Business Research 55: 951—962.

[236]De Mesa Graziano, Cheryl. (2002). *Promoting ethical conduct: a review of corporate practices*. Strategic Investor Relations 2 (3): 29—36.

[237]González, Elsa. (2002). *Defining a post-conventional corporate moral responsibility*. Journal of Business Ethics 39(1/2): 101—108.

[238]Goulet, Laurel R. , Frank, Margaret L. (2002). *Organizational commitment across three sectors: public, non-profit, and for-profit*. Public Personnel Management 31(2): 201—211.

[239]Greenberg, J. (2002). *Who stole the money and when? Individual and situational determinants of employee theft*. Organizational Behavior and Human Decision Processes 89, 985—1003.

[240]Joyner,Brenda E. , Payne,Dinah. (2002). *Evolution and implementation: a study of values, business ethics and corporate social responsibility*. Journal of Business Ethics 41(4): 297—311.

[241]Key, S. (2002). *Perceived managerial discretion: an analysis of individual ethical intentions*. Journal of Managerial Issues 14

(2): 218—233.

[242]McCall, John J. (2002). *Leadership and ethics: corporate accountability to whom, for what and by what Means?* Journal of Business Ethics 38(1/2): 133—139.

[243]McKendall, M., B. DeMarr & C. Jones-Rikkers. (2002). *Ethical compliance programs and corporate illegality: testing the assumptions of the corporate sentencing guidelines.* Journal of Business Ethics 37(4): 367—383.

[244]Mayfield, Jacqueline., Mayfield, Milton. (2002). *Leader communication strategies critical paths to improving employee commitment.* American Business Review 20(2): 89—95.

[245]Mir, Ali., Mir, Raza., Mosca, Joseph B. (2002). *The new age employee: an exploration of changing employee-organization relations.* Public Personnel Management, 31(2): 187—201.

[246]Morris, Michael H., Schindehutte, Minet., Walton, John., Allen, Jeffrey. (2002). *The ethical context of entrepreneurship: proposing and testing a developmental framework.* Journal of Business Ethics 40(4): 331—361.

[247]Paolillo, J. G. P. & S. J. Vitell. (2002). *An empirical investigation of the influence of selected personal, organizational and moral intensity factors on ethical decision making.* Journal of Business Ethics 35(1): 65—74.

[248]Pava, Moses L. (2002). *The path of moral growth.* Journal of Business Ethics 38(1/2): 43—54.

[249]Peterson. D. K. (2002). *The relationship between unethical behavior and the dimensions of the ethical climate questioannaire.* Journal of Business Ethics 41(4): 313—326.

[250]Post, J. E., A. T. Lawrence & J. Weber. (2002). *Business and Society, 10th Edition.* McGraw-Hill International, NY.

[251]Powpaka, S. (2002). *The relationship between unethical behavior and the dimensions of the ethical climate questionnaire.* Journal of Business Ethics 41(4): 313—326.

[252]Sirgy, M. Joseph. (2002). *Measuring corporate performance by*

building on the stakeholders model of business ethics. Journal of Business Ethics 35(3): 143—162.

[253]Spreitzer, Gretchen M., Mishra, Aneil K. (2002). *To stay or to go: voluntary survivor turnover following an organizational downsizing*. Journal of Organizational Behavior, 23 (6): 707—730.

[254]Stringer, Robert A. (2002). *Leadership and organizational climate : the cloud chamber effect* . Upper Saddle River, N. J. : Prentice Hall.

[255]Tam, On Kit. (2002). *Ethical issues in the evolution of corporate governance in China*. Journal of Business Ethics 37 (3): 303—320.

[256]Verona, Gianmario., Prandelli, Emanuela. (2002). *A dynamic model of customer loyalty to sustain competitive advantage on the Web*. European Management Journal 20(3): 299—309.

[257]Weber, J. & J. E. Seger. (2002). *Influences upon organizational ethical subclimaes: a replication study of a single firm at two points in time*. Journal of Business Ethics 41 (1/2): 69—84.

[258]Weeden, Clare. (2002). *Ethical tourism: an opportunity for competitive advantage*. Journal of Vacation Marketing 8 (2): 141—154.

[259]Wood, Greg. (2002). *A partnership model of corporate ethics*. Journal of Business Ethics 40(1): 61—73.

[260] Yui-Tim Wong., Chi-Sum Wong., Hang-Yue Ngo. (2002). *Loyalty to supervisor and trust in supervisor of workers in Chinese joint ventures: a test of two competing models*. International Journal of Human Resource Management 13(6): 883—901.

[261]Razzaque, M. A. & T. P. Hwee. (2002). *Ethics and purchasing dilemma: a Singaporean view*. Journal of Business Ethics 35(4): 307—326.

[262]Relph-Knight, Lynda. (2002). *Be creative in motivating staff and winning loyalty*. Design Week 17(43): 4—7.

[263]Beams, J. D., R. M. Brown & L. N. Killough. (2003). *An experiment testing the determinants of noncompliance with insider trading laws*. Journal of Business Ethics 45 (4): 309—323.

[264]Dawkins, Jenny., Lewis, Stewart. (2003). *CSR in stakeholde expectations: and their implication for company strategy*. Journal of Business Ethics 44(2): 185—193.

[265]Fisscher, Olaf., Nijhof, André., Steensma, Herman. (2003). *Dynamics in responsible behaviour in search of mechanisms for coping with responsibility*. Journal of Business Ethics 44(2): 209—224.

[266]Granitz, N. A. (2003). *Individual, social and organizational sources of sharing and variation in the ethical reasoning of managers*. Journal of Business Ethics 42(2): 101—104.

[267]Manning, Susan Schissler. (2003). *Ethical leadership in human se rvices: a multi-dimensional approach*. Allyn and Bacon, c, Pearson Education, Inc.

[268]Van Marrewijk, Marcel. (2003). *Concepts and definitions of CSR and corporate sustainability: between agency and communion*. Journal of Business Ethics 44(2): 95—105.

[269]Vansandt, C. V. (2003). *The relationship between ethical work climate and moral awareness*. Business & Society 42 (1): 144—152.

[270]VanSandt, Craig V; Neck, Christopher P. (2003). *Bridging ethics and self leadership: overcoming ethical discrepancies between employee and organizational standards*. Journal of Business Ethics 43(4):363—387.

[271]Watson, Sharon. Weaver, Gary R. (2003). *How internationalization affects corporate ethics: formal structures and informal management behavior*. Journal of International Management 9 (1): 75—93.

[272]Panapanaan, Virgilio M., Linnanen, Lassi., Karvonen, Minna-Maari., Phan, Vinh Tho. (2003). *Roadmapping corporate so-*

cial responsibility in finnish companies. Journal of Business Ethics 44(2): 133—148.

[273]Weber J. , L. B. Kurke & D. W. Pentico. (2003). *Why do employees steal?* Assessing differences in ethical and unethical employee behavior using ethical work climates. Business & Society 42(3): 359—380.

[274]Kaptein, M. (2004). *Business codes of multinational firms: what do they say?* Journal of Business Ethics 50: 13—31.

[275]Oosterhout, J. , B. Wempe. & W. T. van. (2004). *Rethinking organizational ethics: a plea for pluralism.* Journal of Business Ethics 55(4): 385—393.

[276]Chun, R. (2005). *Ethical character and virtue of organizations: an empirical assessment and strategic implications.* Journal of Business Ethics 57(3): 269—284.

[277]Fassin, Y. (2005). *The reasons behind non-ethical behaviour in business and entrepreneurship.* Journal of Business Ethics 60 (3): 265—279.

[278]Felton, E & R. Sims(2005). *Teaching business ethics: targeted outputs.* Journal of Business Ethics 60(4):377—391.

[279]Gauthier, C. (2005). *Measuring corporate social and environmental performance: the extended life-cycle assessment.* Journal of Business Ethics. 59(1):199—206.

[280]Hornett, A. & S. Fredericks. (2005). *An empirical and theoretical exploration of disconnections between leadership and ethics.* Journal of Business Ethics 59(3): 233—246.

[281]Koehn, D. (2005). *Integrity as a business asset.* Journal of Business Ethics 58(1): 125—136.

[282]Lopez, Y. , P. Rechner. & J. Olson-Buchana. (2005). *Shaping ethical perceptions: an empirical assessment of the influence of business education, culture, and demographic factors.* Journal of Business Ethics 60(4): 341—358.

[283]Luthar, H. & R. Karri. (2005). *Exposure to ethics education and the perception of linkage between organizational ethical be-*

havior and business outcomes. Journal of Business Ethics 61(4): 353—368.

[284]O'Fallon, M. J. & K. D. Butterfield. (2005). *A review of the empirical ethical decision-making literature*: 1996—2003. Journal of Business Ethics, 59: 375—413.

[285]Sullivan, R. (2005). *Code Integration: Alignment or Conflict?* Journal of Business Ethics 59(1): 9—25.

[286]Silver, D. (2005). *Corporate codes of conduct and the value of autonomy*. Journal of Business Ethics 59(1): 3—8.

[287]Valentine, S. & A. Johnson. (2005). *Codes of ethics, orientation programs, and the perceived importance of employee incorruptibility*. Journal of Business Ethics 61(1): 45—536.

附录一 企业伦理气氛状况及其与不道德行为关系调查问卷

[调查说明]

谢谢您花时间和精力来完成这份问卷。本调查由上海交通大学人力资源所组织，目的在于了解组织伦理气氛状况及其与道德行为关系。您对本问卷的所有回答都是以匿名形式进行并且答案得到严格保密，研究结果将是结论性质的报告，不会泄漏公司和员工的任何相关信息。本研究结果仅用于学术研究，不做任何的商业用途。

本调查不是测验，答案也没有对错之分。研究结果的有效性首先取决于您是否反映了真实的情况。所以，我们希望您对每一个题项都非常认真地表达自己的意见，这对我们的研究十分重要。如果您对这个问题有兴趣，并希望得到我们的研究报告，请您在问卷最后一页的相应位置留下您的联系方式。

非常感谢您的合作！

上海交通大学管理学院人力资源研究所

A 本部分是关于一些行为的描述，公司是否存在下列行为？请在相应数字下划"√"。

	从来没有	几乎没有	有时	一半时间是	经常	几乎总是	总是
1. 从供应商、顾客或者其他方接受贿赂或未经许可的礼品或索要回扣	1	2	3	4	5	6	7
2. 向上级管理部门等其他方行贿，以利于公司的业务开展	1	2	3	4	5	6	7
3. 窃取竞争对手的商业秘密	1	2	3	4	5	6	7
4. 向顾客或社会公众夸大公司的产品质量或服务水平	1	2	3	4	5	6	7
5. 企业在招聘员工时，对符合工作要求的应聘者有特别的要求，例如特定的性别、学历、教育背景和户籍等	1	2	3	4	5	6	7

续表 A

	从来没有	几乎没有	有时	一半时间是	经常	几乎总是	总是
6. 员工利用公司财物或在工作时间进行私人活动，例如打电话、复印和上网等	1	2	3	4	5	6	7
7. 利用公司的客户资源进行私人活动	1	2	3	4	5	6	7
8. 破坏公司机器或其他设备或者浪费公司的财物	1	2	3	4	5	6	7

B　本部分是关于公司伦理气氛状况的相关问题，请在最符合您公司实际情况的数字下划"√"。

	不同意	有点不同意	不能确定	有点同意	同意
1. 在做决策时，公司希望考虑到每个公司员工	1	2	3	4	5
2. 在这个公司，最大的关注点是什么是对他人有利的	1	2	3	4	5
3. 这个公司的员工对外部社区有强烈的责任感	1	2	3	4	5
4. 在这个公司，希望员工做对于顾客和公众而言是正确的事情	1	2	3	4	5
5. 公司的员工对顾客和公众的利益十分关心		1	2	3	4
6. 严格遵循公司的规则和程序是非常重要的	1	2	3	4	5
7. 公司希望员工首先遵循法律和职业规范	1	2	3	4	5
8. 在这个公司，法律或者公司相关政策是最大的考虑点	1	2	3	4	5
9. 最先考虑的是决策是否违反了哪项法律	1	2	3	4	5
10. 公司的员工十分关心什么最有利于自己	1	2	3	4	5
11. 在这个公司，人们总是考虑自己	1	2	3	4	5
12. 公司的决策是根据对利润的贡献来判断的	1	2	3	4	5

C 本部分是对公司在促进道德行为方面所采取的相关措施和行为的描述。请在最符合您公司实际情况的数字下划“√”。

	从未如此	很少如此	有时如此	时常如此	总是如此
1. 公司最高领导者宣传自己的道德价值观念	1	2	3	4	5
2. 直接上级领导者向下属宣传自己的道德价值观念	1	2	3	4	5
3. 管理者日常行为和他所宣传的道德价值观念一致	1	2	3	4	5
4. 公司最高领导层在道德方面是公司所有员工的行为榜样	1	2	3	4	5
5. 直接上级领导者是其下属在道德方面的行为榜样	1	2	3	4	5
6. 宣传公司现行的价值观念	1	2	3	4	5
7. 宣传公司在道德方面的追求目标	1	2	3	4	5
8. 公司中的先进人物在道德方面也是先进人物	1	2	3	4	5
9. 公司制定了描述什么是道德行为和不道德行为的正式文件和宣传手册	1	2	3	4	5
10. 当出现不道德行为时,公司会对相关人员进行惩罚	1	2	3	4	5
11. 当员工在道德方面做得非常好时,公司会对之进行公开表扬和奖励	1	2	3	4	5
12. 提拔员工时,有道德方面的要求	1	2	3	4	5
13. 对员工进行绩效考核时,会考核员工在道德方面的表现	1	2	3	4	5
14. 公司对员工可能会遇到的道德问题进行培训	1	2	3	4	5
15. 公司对员工的职业道德进行培训	1	2	3	4	5
16. 公司对可能出现的道德问题的处理方式进行培训	1	2	3	4	5
17. 碰到道德问题时,员工有渠道向公司的管理者或相关机构反映并得到帮助	1	2	3	4	5
18. 当出现不道德行为时,公司有专门的管理人员或者机构进行处理	1	2	3	4	5
19. 当出现道德行为时,公司有专门的机构进行处理	1	2	3	4	5
20. 管理者在自己日常工作中有道德方面的要求	1	2	3	4	5
21. 公司最高领导层在做决策时考虑道德方面的要求	1	2	3	4	5
22. 管理者在日常决策活动中遵循公司在道德方面的相关规定	1	2	3	4	5

续表 C

	从未如此	很少如此	有时如此	时常如此	总是如此
23. 直接上级领导者在日常管理活动中遵循公司在道德方面的相关要求	1	2	3	4	5

D　我们的研究需要得到一些您的个人信息和公司的相关信息，以便于我们在不同的研究群体之间进行比较，所以请您继续填写每一项，否则这份问卷就会无效。希望您继续配合！谢谢！

1. 您的年龄：________岁
2. 您的性别(请打勾)：□男　□女
3. 您所取得的最高学历(请打勾)：□高中　□大专　□本科　□硕士　□博士
4. 您的任职年限：________年
5. 您所属的部门：________________
6. 您在目前公司的职位级别是：□高层管理者　□中层管理者　□基层管理者□　一般职员
7. 您所属的公司属于(请打钩)：□行业领先者　□本行业的中游　□行业的追随者
8. 您所属的公司发展阶段属于(请打钩)：□初创期　□发展期　□成熟期　□衰退期
9. 您所在的公司属于(请打钩)：□上市公司　□非上市公司
10. 您所在的公司行业属于(请打钩)：
　□制造型企业　□研究型企业　□金融保险业　□房地产业
　□咨询设计型企业　□商业　□其他(请说明)________
11. 您所在的公司属于(请打钩)：
　□国有企业　□民营企业　□外资企业
　□合资企业　□其他(请说明)________
12. 您所在公司的规模为(请打钩)：
　□50 人以下　□50—100 人　□100—200 人
　□200—500 人　□500 人以上
13. 您公司所在城市的名称：________________________(请务必填写，

以作标志）

E 附加信息

如果您想得到研究报告结果，请填写您的电子邮件或其他联系方式，以便我们将结果交给您：

附录二　企业伦理气氛状况及其与不道德行为关系调查问卷

[调查说明]

谢谢您花时间和精力来完成这份问卷。本调查由上海交通大学人力资源所组织，目的在于了解组织伦理气氛状况及其与道德行为关系。您对本问卷的所有回答都是以匿名形式进行并且答案得到严格保密，研究结果将是结论性质的报告，不会泄漏公司和员工的任何相关信息。本研究结果仅用于学术研究，不做任何的商业用途。

本调查不是测验，答案也没有对错之分。研究结果的有效性首先取决于您是否反映了真实的情况。所以，我们希望您对每一个题项都非常认真地表达自己的意见，这对我们的研究十分重要。如果您对这个问题有兴趣，并希望得到我们的研究报告，请您在问卷最后一页的相应位置留下您的联系方式。

上海交通大学管理学院人力资源研究所

A　本部分是关于一些行为的描述，公司是否存在下列行为？请在相应数字下划“√”。

	从来没有	几乎没有	有时	一半时间是	经常	几乎总是	总是
1. 从供应商、顾客或者其他方接受贿赂或未经许可的礼品或索要回扣	1	2	3	4	5	6	7
2. 公司遵循合同规定，不违约	1	2	3	4	5	6	7
3. 向上级管理部门等其他方行贿，以利于公司的业务开展	1	2	3	4	5	6	7
4. 公平地与竞争对手进行商业竞争，不恶意中伤竞争对手及其产品	1	2	3	4	5	6	7
5. 违反规定地挖竞争公司掌握核心技术或其他关键商业信息的员工	1	2	3	4	5	6	7
6. 窃取竞争对手的商业秘密	1	2	3	4	5	6	7
7. 向顾客或社会公众夸大公司的产品质量或服务水平	1	2	3	4	5	6	7

续表 A

	从来没有	几乎没有	有时	一半时间是	经常	几乎总是	总是
8. 向顾客或社会公众隐瞒公司产品或服务的负面信息	1	2	3	4	5	6	7
9. 无故拖欠货款、贷款或者税款等	1	2	3	4	5	6	7
10. 不出售未达标的产品或不提供会侵害顾客利益的服务	1	2	3	4	5	6	7
11. 向上级主管部门提供不真实的公司财务信息	1	2	3	4	5	6	7
12. 对社会公众隐瞒会损害公司的真实信息	1	2	3	4	5	6	7
13. 公司生产过程或提供服务过程中造成对自然环境的污染或破坏	1	2	3	4	5	6	7
14. 企业在招聘员工时，对符合工作要求的应聘者有特别的要求，例如特定的性别、学历、教育背景和户籍等	1	2	3	4	5	6	7
15. 公司工作环境和生产过程中忽视员工的人身安全	1	2	3	4	5	6	7
16. 没有正当的理由克扣或拖欠员工工资	1	2	3	4	5	6	7
17. 公司在员工提拔和评价方面不分性别和关系亲近，能公平对待	1	2	3	4	5	6	7
18. 无正当且合理理由解雇员工	1	2	3	4	5	6	7
19. 员工利用公司财物或在工作时间进行私人活动，例如打电话、复印和上网等	1	2	3	4	5	6	7
20. 利用公司的客户资源进行私人活动	1	2	3	4	5	6	7
21. 破坏公司机器或其他设备或者浪费公司的财物	1	2	3	4	5	6	7
22. 同事间的性骚扰、性胁迫	1	2	3	4	5	6	7

B　本部分是关于公司伦理气氛状况的相关问题，请在最符合您公司实际情况的数字下划“√”。

	不同意	有点不同意	不能确定	有点同意	同意
1. 在这个公司，员工相互照顾他人的利益	1	2	3	4	5
2. 公司最先考虑什么是对每个员工有利	1	2	3	4	5
3. 公司最重要的关注点是所有员工的利益	1	2	3	4	5
4. 公司主要考虑什么对每位员工最有利	1	2	3	4	5
5. 公司每个人都十分关心员工的总体利益	1	2	3	4	5
6. 在做决策时，公司希望考虑到每个公司员工	1	2	3	4	5
7. 在这个公司，最大的关注点是什么是对他人有利的	1	2	3	4	5
8. 本公司员工非常注重团队精神	1	2	3	4	5
9. 这个公司的员工对外部社区有强烈的责任感	1	2	3	4	5
10. 公司总是追求对问题的最有效的解决方式	1	2	3	4	5
11. 在这个公司，最有效的方式总是正确的途径	1	2	3	4	5
12. 在这个公司，对别人的最大负责就是首先考虑效率	1	2	3	4	5
13. 公司的员工十分关心什么最有利于自己	1	2	3	4	5
14. 员工首先想到的是维护自己的利益	1	2	3	4	5
15. 在这个公司，人们总是考虑自己	1	2	3	4	5
16. 在这个公司，员工受自己的道德价值观念指导	1	2	3	4	5
17. 公司里最重要的考虑是员工有自己关于正确和错误的想法	1	2	3	4	5
18. 在这个公司，希望员工坚持自己个人的道德观点	1	2	3	4	5
19. 在这个公司，员工做自己认为正确或者错误的事情	1	2	3	4	5
20. 公司的优秀员工受他们自己的个人道德价值观念指导	1	2	3	4	5
21. 在这个公司，希望员工严格遵循法律和职业的规范	1	2	3	4	5
22. 严格遵循公司的规则和程序是非常重要的	1	2	3	4	5
23. 公司希望员工遵循公司的规则和程序规定	1	2	3	4	5
24. 公司希望员工首先遵循法律和职业规范	1	2	3	4	5
25. 公司里的优秀员工遵循规范	1	2	3	4	5

续表 B

	不同意	有点不同意	不能确定	有点同意	同意
26. 在这个公司,法律或者公司相关政策是最大的考虑点	1	2	3	4	5
27. 最先考虑的是决策是否违反了哪项法律	1	2	3	4	5
28. 为了公司的利益,希望员工做任何事情	1	2	3	4	5
29. 公司不希望员工考虑个人的道德观念	1	2	3	4	5
30. 当工作标准损害了公司利益的时候,则不遵循工作标准	1	2	3	4	5
31. 员工只关心公司的利益	1	2	3	4	5
32. 公司的决策是根据对利润的贡献来判断的	1	2	3	4	5
33. 在这个公司,希望员工首先工作有效率	1	2	3	4	5
34. 在这个公司,希望员工做对于顾客和公众而言是正确的事情	1	2	3	4	5
35. 公司的员工对顾客和公众的利益十分关心	1	2	3	4	5
36. 公司最先考虑的是决策对顾客和公众产生的影响	1	2	3	4	5

C　本部分是对公司在促进道德行为方面所采取的相关措施和行为的描述。请在最符合您公司实际情况的数字下划"√"。

	从未如此	很少如此	有时如此	时常如此	总是如此
1. 公司最高领导者宣传自己的道德价值观念	1	2	3	4	5
2. 直接上级领导者向下属宣传自己的道德价值观念	1	2	3	4	5
3. 宣传公司现行的价值观念	1	2	3	4	5
4. 宣传公司在道德方面的追求目标	1	2	3	4	5
5. 公司最高领导层日常行为和他所宣传的道德价值观念一致	1	2	3	4	5
6. 管理者日常行为和他所宣传的道德价值观念一致	1	2	3	4	5
7. 直接上级领导者日常行为和他所宣传的道德价值观念一致	1	2	3	4	5

续表 C

	从未如此	很少如此	有时如此	时常如此	总是如此
8. 公司最高领导层在道德方面是公司所有员工的行为榜样	1	2	3	4	5
9. 直接上级领导者是其下属在道德方面的行为榜样	1	2	3	4	5
10. 公司中的先进人物在道德方面也是先进人物	1	2	3	4	5
11. 管理者在自己日常工作中有道德方面的要求	1	2	3	4	5
12. 管理者对员工的日常工作中做出道德方面的要求	1	2	3	4	5
13. 当出现不道德行为时，公司会对相关人员进行惩罚	1	2	3	4	5
14. 当员工在道德方面做得非常好时，公司会对之进行公开表扬和奖励	1	2	3	4	5
15. 提拔员工时，有道德方面的要求	1	2	3	4	5
16. 对员工进行绩效考核时，会考核员工在道德方面的表现	1	2	3	4	5
17. 公司对员工可能会遇到的道德问题进行培训	1	2	3	4	5
18. 公司对可能出现的道德问题的处理方式进行培训	1	2	3	4	5
19. 公司对员工的职业道德进行培训	1	2	3	4	5
20. 碰到道德问题时，员工有渠道向公司的管理者或相关机构反映并得到帮助	1	2	3	4	5
21. 当出现不道德行为时，公司有专门的管理人员或者机构进行处理	1	2	3	4	5
22. 当出现道德行为时，公司有专门的机构进行处理	1	2	3	4	5
23. 当出现不道德行为和道德行为时，公司有专门的管理人员或者机构进行处理	1	2	3	4	5
24. 公司制定了描述什么是道德行为和不道德行为的正式文件和宣传手册	1	2	3	4	5
25. 员工日常工作中遵循公司在道德方面的相关规定	1	2	3	4	5
26. 公司最高领导层在做决策时考虑道德方面的要求	1	2	3	4	5
27. 管理者在日常决策活动中遵循公司在道德方面的相关规定	1	2	3	4	5
28. 直接上级领导者在日常管理活动中遵循公司在道德方面的相关要求	1	2	3	4	5

D　我们的研究需要得到一些您的个人信息和公司的相关信息，以便于我们在不同的研究群体之间进行比较，所以请您继续填写每一项，否则这份问卷就会无效。希望您继续配合！谢谢！

1. 您的年龄：________岁
2. 您的性别(请打勾)：□男　□女
3. 您所取得的最高学历(请打勾)：□高中　□大专　□本科　□硕士　□博士
4. 您的任职年限：________年
5. 您所属的部门：____________
6. 您在目前公司的职位级别是：□高层管理者　□中层管理者　□基层管理者　□一般职员
7. 您所属的公司属于(请打钩)：□行业领先者　□本行业的中游　□行业的追随者
8. 您所属的公司发展阶段属于(请打钩)：□初创期　□发展期　□成熟期　□衰退期
9. 您所在的公司属于(请打钩)：□上市公司　□非上市公司
10. 您所在的公司行业属于(请打钩)：
□制造型企业　□研究型企业　□金融保险业　□房地产业　□咨询设计型企业　□商业　□其他(请说明)
11. 您所在的公司属于(请打钩)：
□国有企业　□民营企业　□外资企业　□合资企业　□港资企业　□台资企业　□其他(请说明)________
12. 您所在公司的规模为(请打钩)：
□50 人以下　□50—100 人　□100—200 人　□200—500 人　□500 人以上
13. 您公司所在城市的名称：________________________(请务必填写，以作标志)

E　附加信息

如果您想得到研究报告结果，请填写您的电子邮件或其他联系方式，以便我们将结果交给您：

致　谢

在论文的结束之际，回首将近四年的博士生涯，求学道路上那曾经的痛苦彷徨与欢欣雀跃不禁令人泪眼朦胧、感慨万千！

感谢我的导师石金涛教授！在攻读博士学位期间，石老师渊博的知识以及在人力资源管理领域的造诣无疑让我受益匪浅，使我从一个人力资源管理领域的“门外汉”成为这方面的精通者；石老师高屋建瓴的思维方式以及对定量研究的强调深深影响着我，让我掌握了定性研究和定量研究等多种研究方法，可以说没有石老师对本文研究方法的特别指导及整体把握，谈论本文的完成简直是奢谈！另外在整个求学期间，石老师从学习、工作到生活等各方面给予我的细致关怀和体贴照顾无不令我感铭于心！

感谢我的副导师周祖城教授！周老师引导我跨进了企业伦理学的神圣殿堂。本文从选题立意到思路框架都凝聚着周老师大量的心血！周老师对本论文进行过多次悉心指导，甚至不辞辛苦地训练我的研究思维，与周老师进行学术探讨的那些美好时光仍历历在目，犹如昨日发生！周老师严谨的治学态度及宽厚的学者风范给我留下深刻的印象！在我遇到学术困境时，周老师那些和蔼可亲的开导和鼓励的言语一直是我学术前进的动力！

感谢黄培清教授、黄沛教授、唐元虎教授、宣国良教授、任荣明教授、杨治良教授、戴昌钧教授、张文贤教授对本论文的审阅并提出非常有价值的修改建议！

感谢上海交通大学管理学院和人力资源所其他各位老师对我的关心和帮助，特别感谢张兴福副教授和颜世富副教授，他们为本论文的写作提供了无私的调研支持！

感谢我的同门陈琦、吴广清、唐炎华、柯江林、王莉、刘帮成、张必武、王庆燕、程金林、夏琛桂、郑晓涛、徐晓燕、杨帆、吴志国、金凤斐、沙良昌、苏旺兴、骆南峰、张漪杰对我学习和研究给予的莫大关心和帮助！特别感谢王莉同学，她为本文实证研究过程中调查问卷的设计及结构方程的运用提供了巨大的帮助！

感谢 A0212021 和 A0212022 博士班的全体同学对我的关心！特别感谢我的室友陈颖、桑琳、王莉、章晓霞和王悦菱等同学，难忘她们对我生活的关心和学业的鼓励！难忘我们共同度过的欢乐岁月、共同经历的痛苦与挣扎！

感谢我的朋友黄慧、谭绍木、张珺、江玉琴、徐宇宏、汪良军、方志军和吴思源等对本文调研提供的支持和帮助！

感谢我的家人！特别是我的父母双亲，他们在我人生成长道路上给予的无比慈爱和关怀一直是我不会枯竭的精神源泉！如果没有父亲的睿智点拨，如果没有母亲生活上的细心照顾，我的求学道路不过走得这么顺坦。从小学到高中，多少个日日夜夜，父母双亲那伴读的身影已经成为我脑海中无法磨灭的画影！直至今日，父母仍然为我操心着，仍然是我重要的人生导师！谢谢你们，我敬爱的爸爸妈妈！

最后，向在百忙中审阅本文的各位学者和专家致以崇高的敬意！

范丽群

2011年3月修改于江西师范大学